BURKHARD BOHNE

KEIN PLATZ UND TROTZDEM KRÄUTER

KOSMOS

INHALT

BALKONE & TERRASSEN GESTALTEN

—— mit Kräutern & Gewürzen

GARTENPRAXIS

—— auf Balkon & Terrasse

KRÄUTER-REZEPTE

—— vom Topf auf den Tisch

KÜCHENKRÄUTER

—— Pflanzenporträts

SERVICE

Bei den genannten Personenbezeichnungen wird jeweils nur die männliche Form, zum Beispiel Gärtner, verwendet. Das Buch wird dadurch leichter lesbar. Bitte haben Sie dafür Verständnis.

KRÄUTER FÜR JEDEN PLATZ

Balkone und Terrassen bieten einen wunderbaren Lebensraum für Pflanzen, besonders für Kräuter. Egal ob in Töpfen oder Kästen, in der Sonne oder im Halbschatten, für jeden Platz gibt es das richtige Kraut. Dabei kommt die Ästhetik nicht zu kurz, denn es gibt Gefäße für jeden Geschmack. Kräuter sind attraktiv, duften intensiv, schmecken sehr lecker und bereichern die Küche – es gibt also viele Gründe für die Erschaffung eines Kräuterparadieses zu Hause.

BALKONE & TERRASSEN GESTALTEN

— mit Kräutern & Gewürzen

PFLANZGEFÄSSE

traditionell & modern

Balkon und Terrasse sind Ausdruck von Individualität und Lebensgefühl. Früher wurden Balkone oft nur mit Geranien geschmückt und Terrassen vor allem als Sitzplatz genutzt, heute avancieren sie zum zweiten Wohnraum – im Grünen. Kräuter, Gemüse und Blumen in Kästen und Töpfen leisten einen aktiven Beitrag für den Erhalt der Pflanzen- und Insektenvielfalt in der Stadt. Außerdem sind dank Nutzpflanzen von Frühling bis Herbst satte Ernten für die Küche möglich.

Einen Balkon oder eine Terrasse einzurichten, ist einfach. Alles, was Ihnen gefällt, ist im Prinzip auch möglich. Natürlich ist nach wie vor der Sitzplatz am wichtigsten, doch wenn Tisch und Stühle feststehen, geht es an die Bepflanzung. Bepflanzbare Gefäße gibt es heute in einer fast unerschöpflichen Auswahl: große Gefäße zum Hinstellen, Töpfe zum Aufhängen, Rankgerüste und natürlich den klassischen Balkonkasten. Jetzt gilt es, kreativ zu werden. Manch einer verfolgt einen bestimmten Stil, andere bevorzugen es bunt gemixt.

TON, KERAMIK ODER BETON

Der Klassiker ist Terrakotta. Die Tongefäße wirken romantisch, sind gut für die Pflanzen und windstabil, da sie relativ schwer sind. Es gibt sie als Töpfe, Kästen, Ampeln oder als Wandgefäße zum Aufhängen. Schlicht oder dekoriert im italienischen Stil, passen die Tongefäße gut zu Kräutern und unterstreichen die Anmut der Pflanzen.

Kräuter in Holztrögen sorgen für Gemütlichkeit.

Das Material ist luftdurchlässig, daher müssen Sie besonders viel gießen. Keramikgefäße könnten eine Alternative sein, denn sie halten das Wasser besser und es gibt sie in vielen Farben und Formen. Keramik bringt so zusätzlich Farbe auf den Balkon. Puristen hingegen lieben Gefäße aus Beton. Sie sind meist schlicht und farblos und stellen die Schönheit der Kräuter in den Mittelpunkt. Doch leider sind auch Betongefäße sehr schwer.

◂ Größere Gefäße bieten genug Platz für eine geschickte Kräuterkombination.

AUF DIE TOPFGRÖSSE KOMMT ES AN

Schnell wachsende Kräuter wie Schnittlauch oder Thymian bekommen einen großen Topf und langsam wachsende wie Rosmarin oder Thymian einen kleinen. Geschickt platziert passen alle gut zusammen.

◄ Verschiedene Keramikformen in ähnlichen Farben lassen sich perfekt kombinieren.

▼ Auf Mauern machen sich Kräutertöpfe besonders gut, denn die Kräuter lieben die Wärme der Steine.

ZINK – CHARMANT & SCHÖN

Viel leichter und ebenfalls schlicht und schön sind Gefäße aus verzinktem Blech. Entweder finden Sie alte Eimer oder Wannen auf dem Trödelmarkt oder Sie kaufen sie neu. Zinkgefäße sind äußerst stabil und besonders lange haltbar. Einziger Nachteil ist: Sie haben meist keinen Abzug am Boden. Sie müssen gut drainieren oder besonders vorsichtig gießen.

DIE LEICHTE ALTERNATIVE

Kunststoffgefäße sind besonders leicht und teilweise sehr günstig. Der gute alte Balkonkasten ist meist grün, Kunststofftöpfe schwarz oder rotbraun. Doch diese Gefäße sind, ehrlich gesagt, nicht besonders schön. Wenn Sie sie aufhübschen möchten, hilft ein farbiger Anstrich. Attraktiver sind Kunststofftöpfe, die Terrakotta, Keramik oder Beton imitieren. Sie sind leicht, bruchfest und frosthart, also besonders gut zu handhaben. Sie haben meist klare, moderne Formen und Farben, doch leider sind sie auch nicht ganz billig.

HOLZ UND KÖRBE – FÜR LIEBHABER DES RUSTIKALEN

Natürlich gibt es auch Pflanzgefäße aus Holz. Holz ist robust und vielseitig zu bearbeiten. Kübelpflanzen wachsen prima in Eichenholzkästen, die Sie vielleicht schon einmal in Schlossparks gesehen haben. Halbierte Holzfässer passen gut dazu und können Wasserpflanzen beherbergen. Mit Holz können Sie auch Kästen oder Hochbeete für Balkon und Terrasse selbst bauen. Es ist vergleichsweise günstig und leicht zu verarbeiten. Achten Sie beim Holzkauf darauf, dass Sie haltbares Holz wie Robinie, Lärche oder Eiche bekommen, sonst hält Ihr Hochbeet oder Ihre selbst gebaute Kiste nicht lange.

Töpfe an Bändern oder Draht verwandeln den Zaun in einen vertikalen Garten.

Den rustikalen Charakter von Holzbeeten können Sie noch unterstreichen, wenn Sie Körbe aufstellen. Geflochtene Töpfe und Körbe können als Übertöpfe genutzt werden oder Sie können sie mit Folie auslegen, mit Erde füllen und direkt bepflanzen. Henkelkörbe können Sie aufhängen oder an der Wand befestigen. So ist Ihr Balkon oder Ihre Terrassenwand im Handumdrehen begrünt. Kleiner Nachteil: Holzkisten oder aus Weide geflochtene Körbe werden durch den Kontakt mit Sonnenlicht und Wasser mit der Zeit morsch oder brüchig und sind weniger lange haltbar als andere Materialien. Haltbarer und moderner sind Kunststoffkörbe. Es gibt sie in vielen Größen, Formen und Farben, sei es zum Hinstellen oder auch zum Aufhängen. So wird Ihr Lieblingsplatz schnell bunt und wirkt lebendig.

▲ Bastbänder und Pflanzennamen auf Korken sind eine attraktive, natürliche Deko.

◀ Kräuter wachsen meist nicht sehr hoch und können gut in Etagen übereinandergestellt werden.

RECYCLING IST ANGESAGT

Blechdosen sind prima Pflanzgefäße für Kräuter. Besonders wichtig: Wasserabzugslöcher im Boden. An heißen Tagen sollten die Dosen durch Schattierung vor starker Sonne geschützt werden, sonst leiden die Wurzeln.

UPCYCLING

aus alt mach neu

Es ist nicht immer notwendig, neue Pflanzgefäße für Balkon oder Terrasse zu kaufen. Praktisch, interessant und außerdem günstiger ist die Verwendung von alten, gebrauchten Gefäßen, die im Haushalt übrig oder auf dem Flohmarkt zu finden sind. Preisgünstig und nachhaltig ist die Verwendung von Recyclingprodukten oder auch einfach Verpackungsmaterial von Lebensmitteln und Getränken. Besuchen Sie doch einmal ein Urban-Gardening-Projekt – direkt in der Stadt oder im Internet –, dort bekommen Sie interessante Anregungen. Anschließend werden Sie Ihren Verpackungsmüll mit ganz anderen Augen sehen.

BEPFLANZEN STATT WEGWERFEN

Im Haushalt finden Sie sicher ausgediente Töpfe, Schüsseln oder Eimer. Warum diese nicht einfach mit Kräutern bepflanzen? Alte, emaillierte Kochtöpfe sind meist farbig oder haben ein interessantes Dekor. Viele sind schön groß und können in ihrem zweiten Leben noch über viele Jahre Kräuter beherbergen. Wem es auf dem Balkon zu bunt wird, der kann diese Töpfe mit alten Zinkeimern oder weißen, emaillierten Waschschüsseln kombinieren. Große Zinkwannen eignen sich zum Beispiel gut für die Anlage eines kleinen Wassergartens auf der Terrasse. Gefäße mit einem oder zwei Griffen sind prima als Ampelgefäß geeignet oder werden in Gruppen an der Wand befestigt – fertig ist der vertikale Kräutergarten. Gebrauchte Blechdosen können Sie ebenfalls gut bepflanzen. Das Beste daran ist, sie fallen in jedem Haushalt in größeren Mengen an. Dosen werden gelocht, aufgestellt oder aufgehängt, so kann ein ganzer Kräutergarten entstehen. Besonders attraktiv sind gebrauchte Olivenölbehälter. Sie sind schön groß, dekorativ und mehrjährige Kräuter können lange darin wachsen.

DIE GUTE ALTE HOLZKISTE

Schön zu bepflanzen sind alte Holzkisten. Wenn sie groß genug sind, können sie einen ganzen Kräutergarten beherbergen. Alte

Rosmarinstämmchen harmonieren mit Zinkeimern.

KÖRBE UND WEINKORKEN – GUTE KOMBINATION

Wenn Sie viele Kräuter haben, ist es sinnvoll, diese zu kennzeichnen. Ein Korken, mit einem wasserfesten Stift beschriftet, fertig ist das Pflanzenetikett. Die Korken werden auf Schaschlikspießen in die Körbe gesteckt.

Weinkisten sind sehr stabil und daher gut für die Bepflanzung geeignet. Auch mit Folie ausgelegt und bepflanzt sind sie nicht zu schwer und können nach Belieben auf dem Balkon oder der Terrasse umdekoriert werden. Im Gemüseladen finden Sie vielleicht gebrauchte Tomaten- oder Apfelsinenkisten aus Holz. Wenn Sie den Händler fragen, können Sie bestimmt einige mitnehmen und sie zu Hause für die Pflanzenanzucht verwenden. Doch Vorsicht beim Transport nach dem Bepflanzen: Die Böden sind meist sehr dünn und brechen schnell aus.

Bei allen Gefäßen ist auf Wasserabzugslöcher zu achten, damit es nicht zu Staunässe kommt – nasse Füße mögen die meisten Kräuter nicht.

AUSRANGIERTE MÖBEL UND PALETTEN

Warum nicht auch mal einen vertikalen Garten im ausgedienten Kleiderschrank oder in einer Kommode mit offenen Schubläden anlegen? Bunt lackiert ist so ein Garten der Hingucker auf dem Balkon. Natürlich halten diese Installationen nicht ewig, aber diese Nutzung ist immerhin besser, als das Möbelstück gleich zum Sperrmüll zu geben.

Auch alte Europaletten eignen sich gut zum Bau von Sitzmöbeln und mobilen Hochbeeten. Sie sind besonders stabil und preisgünstig. Wer nicht sägen, schrauben und basteln mang, kann sie einfach aufstellen, befestigen und mit Pflanztaschen, Blechdosen oder halbierten Tetrapaks behängen – fertig ist der vertikale Kräutergarten. Er liefert Kräuter auf Augenhöhe, schmückt Wände, dient als Sichtschutz oder teilt Balkon oder Terrasse in zwei Räume – perfekte Mehrfachnutzung!

GÄRTNERN IN ETAGEN

Erdbeertöpfe und Kräuteramphoren aus Terrakotta sind schon lange bekannt. Dabei handelt es sich um ein größeres Gefäß mit vielen Pflanzlöchern in den Wänden, die mit verschiedenen Kräutern bepflanzt werden können. Wenn Sie ein großes Blech- oder Kunststofffass oder eine ausgediente Regentonne finden, können Sie sie mit Erde füllen, größere Löcher in die Wände schneiden und diese mit Kräutern bepflanzen – fertig ist der dreidimensionale Kräutergarten.

▲ Eine gelochte Regentonne oder ein Kunststofffass liefern reichlich Ernte auf wenig Platz.

◄ PET-Flaschen sind leicht und ermöglichen den Kräuteranbau in mehreren Etagen.

▼ Paletten sind günstig zu bekommen und leicht zu verarbeiten.

KRÄUTER IN DER PET-FLASCHE

Es gibt eine Reihe von PET-Flaschen, die pfandfrei verkauft werden. Diese können Sie gut als Blumentopf weiternutzen. Entweder entfernen Sie den Boden und hängen sie verkehrt herum auf, oder Sie schneiden sie seitlich auf.

KRÄUTER KOMBINIEREN

für Augen & Gaumen

ESSBARE BLÜTEN

Die meisten Kräuterfans und Hobbyköche sind neugierig und probieren gerne mal etwas Neues aus. Auf Balkon und Terrasse können Gewürzkräuter für die Küche wunderbar angebaut werden und davon gibt es viele: Salbei, Rosmarin, Thymian, Schnittlauch, Petersilie, Minze und Oregano sind Klassiker und werden wegen des intensiven Aromas ihrer Blätter gern gepflanzt. Aber nicht nur die Blätter dieser Kräuter schmecken gut, sondern auch und manchmal gerade die Blüten sind vielseitig zu verwenden. Wer das feine Aroma von Rosmarin- oder Salbeiblüten kennt, sammelt gern frische Blüten und das nicht nur zur Dekoration von Salaten. Eingelegt in Weißweinessig entfalten die kleinen, blauen Blüten ihr Aroma besonders gut.

Einmal auf den Geschmack gekommen, fängt man an, mit essbaren Blüten zu experimentieren: Sie sind oft schön farbig, duften herrlich und dienen außerdem Bienen, Hummeln & Co. als Nahrung. Essbare Blüten werden traditionell zum Kochen und Backen, zum Kandieren, zum Herstellen von Sirup oder zum Aromatisieren von Wein verwendet. Die Blüten der Kapuzinerkresse passen super in Salate: Sie sind schön groß und haben einen feinen, scharfen Geschmack. Andere Blüten mit intensiven Farben färben Speisen und Getränke. Es ist also eine gute Idee, Pflanzen mit essbaren Blüten selbst anzubauen, und das ist am schönsten in Kombination mit Kräutern.

Die Kapuzinerkresse fällt durch ihre knalligen Blüten auf.

Von der Pflanze frisch auf den Tisch

Schon im zeitigen Frühjahr können Duft- oder Hornveilchen *(Viola)* geerntet werden. Die Blüten duften, haben kräftige Farben und schmecken süß-aromatisch. Veilchenblüten sind bestens zum Kandieren geeignet und passen gut in Fruchtsalate und Getränke. Hornveilchen werden im Herbst oder Frühjahr gepflanzt und blühen bis zum Sommer. Anschließend werden sie durch andere Kräuter ersetzt. Duftveilchen hingegen sind mehrjährig und wachsen gut im lichten Schatten von verholzenden Kräutern.

Wer Teekräuter mag, sollte unbedingt die Blüten des Anisysops *(Agastache foeniculum)* ausprobieren. Die Kerzen blühen kräftig violett und sind ein Hingucker auf jedem Balkon. Die Blätter ergeben einen leckeren Tee und die Blüten eine essbare Deko für Salate, Süßspeisen und Buffets.

◄ Der hängende Garten vereint Ringelblume und Chilis mit Rosmarin, Petersilie, Blut-Ampfer und Salat.

Auch die Färber-Distel *(Carthamus tinctorius)* hat attraktive Blüten. Die einjährige Pflanze wächst schmal und hoch und passt oft noch in den Kasten mit mehrjährigen Kräutern. Die intensiv gelben bis orangen Blüten sind ein prima Ersatz für den extrem teuren Safran.

Viele einjährige Gewürzkräuter bilden im Sommer wunderschöne essbare Blüten aus. Lassen Sie sie zum Blühen kommen! Die blauen Borretschblüten zum Beispiel sind hübsch in Eiswürfeln oder Limonade und die gelborangen, großen Blüten der Kapuzinerkresse schmecken würzig und passen gut in den Salat. Es gibt zahlreiche essbare Blüten. Doch Vorsicht bei unbekannten Pflanzen – es könnten giftige darunter sein.

GEMÜSE AUS DEM BLUMENTOPF

Nicht nur Pflanzen mit essbaren Blüten sind eine tolle Ergänzung im Topfkräutergarten, auch Gemüse passt prima dazu. Die verschiedenen Gemüsearten haben unterschiedliche Ansprüche an Standort und Boden und werden teilweise unterschiedlich groß. Wenn Sie Kräuter und Gemüse im Kasten kombinieren möchten, beachten Sie besonders die Ansprüche an Nährstoffe und Wasser und den Platzbedarf der einzelnen Pflanzen. Viele Gemüsearten wie Kohl oder Kartoffeln brauchen viel Nährstoffe und Platz und passen daher nicht so gut in den Kräuterkasten. Sie wachsen am besten in eigenen Töpfen oder großen Gefäßen mit reichlich frischer, nahrhafter Erde. Kleiner bleibendes

BUNTE BLUMENWIESE IM KASTEN

Blaue Kornblumen, gelbe Ringelblumen und violette Malven machen sich nicht nur auf Balkon oder Terrasse gut, auch Salate lassen sich mit den essbaren Blüten hübsch dekorieren. Am besten erst direkt vor dem Servieren darüberstreuen.

Gemüse wächst immer gern in Mischkultur. Ein großer Kübel liefert ausreichend Platz.

und schnell wachsendes Gemüse wie Salat oder Radieschen können Sie ganz gut mit einjährigen Kräutern kombinieren. Das sieht interessant aus und passt gut vom Wasser- und Nährstoffbedarf.

Tomate – das Lieblingsgemüse im Topf

Die Tomate mag es sonnig und warm und sollte vor Regen von oben geschützt werden. Tomaten werden in unzähligen bunten Sorten angeboten. Egal ob Cocktail-, Rispen- oder Fleischtomate, es gibt für jeden Standort die richtige Sorte. Besonders vielfältig und lecker sind alte, am besten regionale Sorten. Tomaten wachsen prima in Gesellschaft mit würzigen Kräutern wie Thymian, Ysop, Oregano oder Basilikum. So kommen Früchte und die passenden Gewürze direkt aus einem Gefäß.

Blattgemüse für jeden Bedarf

Salat lässt sich ganz einfach in Kästen kultivieren. Sie brauchen lediglich frische Erde und einen sonnigen bis halbschattigen Platz. Besonders praktisch ist Pflücksalat, denn der braucht nur zu wachsen, und Sie können nach und nach einzelne Blätter ernten. Kopf- und Pflücksalat gibt es in zahlreichen Sorten, die sich teilweise erheblich in Blattform, Farbe und Geschmack unterscheiden. Ein bunter Salatkasten sieht immer klasse aus. Salat harmoniert gut mit Kräutern wie Borretsch, Kerbel oder Dill. Mangold ist auch ein wunderbares Gemüse für die Kultur im Kasten. Er hat große, bunt geaderte Blätter und es gibt Sorten mit roten oder gelben Stängeln. Mangold kann lange geerntet werden, denn die großen Blätter wachsen den ganzen Sommer über nach. Er lässt sich sehr gut mit Radieschen kombinieren. Andere gute Nachbarn sind Bohnenkraut und Bohnen, Dill und Erbsen oder Kohl sowie Fenchel und Sellerie oder Feldsalat.

Kartoffeln im Reissack

Kartoffeln benötigen zum Wachstum viel Erde und müssen nach dem Austrieb angehäufelt werden. Clever ist es, sie in einen Reissack zu pflanzen. Beim Pflanzen sind die Ränder eingerollt und beim Auffüllen von Erde werden sie Stück für Stück ausgerollt.

Für den kleinen Balkon: Keimlinge und Sprossen

Sprossengemüse benötigt am wenigsten Platz, Sie können es schnell ernten und es ist immer frisch. Für die Anzucht brauchen Sie lediglich Saatgut und Keimgefäße. Neben dem Klassiker Kresse ergeben auch Kohl, Radieschen, Hülsenfrüchte und Rucola leckere, gesunde Sprossen.

SCHATTIGE ECKEN

richtig bepflanzt

Zum gesunden Wachstum brauchen Kräuter ihren ganz speziellen Standort. In erster Linie geht es da natürlich um Sonne, Halbschatten oder Schatten. Wenn Sie nicht sicher sind, welcher Standort der Richtige ist, schauen Sie einfach in die Natur. Kräuter aus dem Mittelmeerraum kommen mit extremer Sonne, Trockenheit und Wärme zurecht. Aber auch für schattige Balkone gibt es Kräuter: Sie sind ursprünglich in Wäldern oder an Waldrändern zu Hause und fühlen sich deshalb an schattigen Standorten wohl.

KRÄUTER FÜR DEN SCHATTEN

Für die Kultur im Topf sind Frühlingsblüher aus unseren Laubwäldern gut geeignet. Sie treiben im Frühling frische Blätter und anschließend schöne Blüten aus. Bärlauch und Waldmeister sind die Klassiker. Sie haben aromatische Blätter und wachsen gut im Topf. Bald nach der Blüte ziehen sich viele Pflanzen zurück und verbringen große Teile des Sommers unter der Erde. Gut ist es also, wenn sie mit anderen Pflanzen im Topf kombiniert werden. Praktisch und fast wie im Wald wachsen sie gemeinsam mit Gehölzen. Duftveilchen und Schlüsselblumen kommen ebenfalls mit weniger Sonne gut zurecht. Sie haben auch im Sommer grüne Blätter und können daher gut ohne Begleiter gepflanzt werden. Beide haben attraktive Blüten, die auch in der Küche schnell Abnehmer finden. Farne sind dekorativ und lieben schattige Plätze. Leider ist ihr schöner Blattschmuck oft giftig und damit ungenießbar. Ausnahmen bilden Straußenfarn *(Matteuccia struthiopteris)* oder Zimtfarn *(Osmunda cinnamomea)*. In Nordamerika gelten die eingerollten Blätter als Spezialität.

Einige Gemüsearten wie Mangold oder Salat kommen mit halbschattigen Standorten zurecht und wachsen gut in Kombikisten.

Kräuter wie Basilikum, Minze oder Schnittlauch wachsen gut in Töpfen und mögen es halbschattig.

KRÄUTER FÜR DEN HALBSCHATTEN

Neben den Waldpflanzen gibt es zahlreiche Kräuter, die zumindest mit Halbschatten zurechtkommen. Die verschiedenen Minzearten, Liebstöckel und auch Basilikum wachsen viel besser, wenn sie nicht ständig in der prallen Sonne stehen. Auch Petersilie, Schnittlauch, Kerbel und Koriander stehen im Halbschatten sehr gut.

Der essbare Wassergarten im Schatten

Für einen kleinen Wassergarten brauchen Sie nicht viel Platz. Oft reicht schon ein Eimer oder eine schöne Keramikschale aus. Das Gefäß wird je zur Hälfte mit Erde und Wasser gefüllt und zum Beispiel mit leckerer Brunnenkresse oder Wasserminze bepflanzt – fertig ist der Wassergarten.

KRÄUTERERNTE AUCH OHNE SONNE

PFLANZE	ERNTE	HALB-SCHATTEN	SCHATTEN
BÄRLAUCH *(Allium ursinum)*	JUNGE BLÄTTER, BLÜTENKNOSPEN, BLÜTEN	×	×
BRUNNENKRESSE *(Nasturtium officinale)*	BLÄTTER, SPROSSE	×	
DUFTVEILCHEN *(Viola odorata)*	BLÜTEN	×	
KERBEL *(Anthriscus cerefolium)*	BLÄTTER	×	
PETERSILIE *(Petroselinum crispum)*	BLÄTTER	×	
PFEFFERMINZE (*Mentha* spec.)	BLÄTTER, BLÜTEN	×	
SAUERKLEE *(Oxalis acetosa)*	BLÄTTER, NUR IN GERINGEN MENGEN	×	×
WALDMEISTER *(Galium odoratum)*	BLÄTTER VOR BLÜTE	×	×

Schnitt-
lauch
Minze
Salbei

THEMENKÄSTEN

gut sortiert

Die Welt der Kräuter ist nahezu unerschöpflich und so manch einer verliert da schnell den Überblick. Hinzu kommt, dass der Platz auf dem Balkon oder der Terrasse meist sehr begrenzt ist: Es ist also wichtig, sich in der Pflanzenauswahl ein wenig zu beschränken, vorher die Pflanzenwahl zu planen und die Kräuter thematisch zu ordnen. Wenn Sie genug Platz haben, können Sie Holzkästen bauen und mit verschiedenen Kräutern bepflanzen und diese am besten thematisch ordnen. So erhalten Sie bunt gemischte Beete und haben den größtmöglichen Nutzen. Dabei ist natürlich zu beachten, dass die Ansprüche der Pflanzen an Standort und Boden ähnlich sein sollten. Außerdem ist der teilweise sehr unterschiedliche Platzbedarf der einzelnen Pflanzen zu berücksichtigen. Beachten Sie bei der Planung bitte, dass mehrjährige Kräuter über die Jahre teilweise sehr groß werden, sie brauchen also Platz.

Wenn Sie sehr wenig Platz haben, kann ein kleiner Themengarten natürlich auch im Balkonkasten entstehen. Außerdem können Kräutertöpfe thematisch geordnet aufgestellt werden. Das hat den Vorteil, dass durch das Umstellen von Töpfen immer wieder neue Themen kreiert werden können. Das gilt natürlich genauso für Ampelpflanzen und Vertikalgärten.

Die Auswahl der Themen bleibt jedem selbst überlassen: Der eine liebt die ästhetische Gestaltung, der andere sieht eher den größtmöglichen Nutzen. Da der Platz meist begrenzt ist, macht es viel Sinn, sich über die Bepflanzung vorher Gedanken zu machen und die Kräuter vorher zu probieren.

MEDITERRANES KRÄUTERBEET

Zu den mediterranen Lieblingen gehören natürlich Oregano und Basilikum, auch wenn Basilikum ursprünglich gar nicht aus dem Mittelmeerraum stammt. Oregano ist mehrjährig und es gibt ihn in verschiedenen Arten und Varianten. Kretischer Oregano hat zum Beispiel ein besonders intensives Aroma. Basilikum wächst bei uns einjährig und wird in jedem Jahr neu gepflanzt, Ausnahme: Strauch-Basilikum, z. B. 'African Blue' oder 'Magic Blue', ist mehrjährig, aber

Ästhetisch und praktisch zugleich – verschiedene Minzen zusammen arrangiert.

◄ So haben die Klassiker Schnittlauch, Salbei und Minze auch auf kleinen Balkonen Platz.

frostempfindlich. Rot- und buntlaubige, kleinblättrige oder auch besonders großblättrige Basilikum-Sorten sorgen für viel Abwechslung. Doch auch Thymian, Salbei, Gewürz-Fenchel und Rosmarin verleihen Ihren Gerichten eine ganz besondere Note und gehören daher in jede mediterrane Pflanzung. Weniger bekannt, aber durchaus empfehlenswerte Aromen liefern Berg-Bohnenkraut, Ysop, Wermut und Weinraute.

ASIATISCHER KÜCHENGARTEN

Egal ob Salate oder Wok-Gerichte, die asiatische Küche lebt von frischem Gemüse und intensiven Kräutern. Viele Gerichte werden mit Curry gewürzt und mit Kokosmilch verfeinert. Da es sich bei Curry um Gewürzmischungen von Pflanzen handelt, die unser Klima nicht mögen, macht es wenig Sinn, diese auf dem Balkon anzubauen. Besser geht es mit Koriander, denn dieses Kraut

BIENENWEIDE AUF DEM BALKON

Die Anlage von Bienenweiden ist ökologisch wertvoll und außerdem attraktiv. Interessant für Insekten sind Kräuter mit duftenden Blüten in kräftigen Farben. Gut geeignet sind einjährige Kräuter wie Majoran und Basilikum, aber auch Bienenfreund *(Phacelia)*, Borretsch und Buchweizen. Bei den mehrjährigen sind Thymian, Salbei, Lavendel, Oregano und Ysop sehr gefragt.

Einfacher zu gießen ist es, wenn Kräuter entsprechend ihres Wasserbedarfes sortiert sind.

wird schon seit Jahrhunderten bei uns angebaut. Die aromatischen Blätter geben Suppen, Saucen und Salaten den letzten Pfiff. Auch die Samen reifen bei uns gut aus und können getrocknet auch für die Weihnachtsbäckerei und zum Aromatisieren von Likör verwendet werden. Wenn Sie die koreanische oder japanische Küche mögen, sollten Sie unbedingt Perilla (Shiso) anbauen. Die Blätter schmecken würzig und sind vielseitig verwendbar. Auch Zitronengras und Ingwer wachsen im Topf sehr gut und bringen genau wie Thai-Basilikum (nicht mitkochen!) leckere asiatische Gewürze auf den Tisch.

KRÄUTER FÜR LIMO UND TEE

Viele Kräuter schmecken süß oder aromatisch und können gut für den Teeaufguss oder für Kräuterlimonade verwendet werden. Beliebte Teepflanzen sind Minzen, Zitronenverbene, Zitronen-Melisse, Anisysop aber auch heilkräftige, würzige oder bittere Kräuter wie Salbei, Thymian und Rosmarin oder die Samen von Kümmel und Fenchel.

KRÄUTER IN BLAU UND SILBER

Wer seinen Balkon oder Terrasse besonders stylish anlegen möchte, ist mit puristisch geformten, grauen Gefäßen gut bedient. Dazu passen Kräuter in den Farben Blau und Silber. Lavendel ist da natürlich die ideale Pflanze. Er hat silbrig graue Blätter und seine blauen Blüten duften sehr intensiv. Der Duft vertreibt unangenehme Insekten und als Tee oder Bad wirkt Lavendel angenehm beruhigend. Salbei können Sie sehr gut mit Lavendel kombinieren, denn er hat graufilzige Blätter und ebenfalls schöne, blaue Blüten. Die Blätter werden zum Würzen verwendet oder ergeben einen wunderbaren, heilkräftigen Tee. Noch puristischer wirkt die Pflanzung von Römischem Wermut mit feinen, silbrigen Blättern und unscheinbaren Blüten. Er schmeckt bitter-aromatisch und ist ein verdauungsförderndes Gewürz. Lein und Borretsch sind einjährige Kräuter. Sie sind attraktiv, vielseitig in der Küche zu verwenden und runden das silberblaue Ensemble bestens ab.

KRÄUTERTURM

Viele Kräuter auf ganz wenig Raum, das schafft nur der Pflanzenturm. Dabei handelt es sich um ein Metallgestell mit vielen Etagen, in die Töpfe eingehängt werden können. Günstiger ist es, Töpfe oder auch Dosen an einem Pfahl zu befestigen und zu bepflanzen.

▲ Auf einer Treppe ist genug Platz für einen Topfgarten.

▼ Regalbretter sind an Holzwänden besonders einfach zu befestigen und schaffen Stellfläche für Kräuter.

VERTIKALE KRÄUTERGÄRTEN

Ernte auf allen Etagen

Auf Balkon oder Terrasse gibt es für Pflanzen immer zu wenig Platz. Wenn Sie viele Kräuter unterbringen möchten, können Sie mit einigen Tricks mehr Platz schaffen, zum Beispiel, indem Sie den Topfgarten dreidimensional anlegen.

KRÄUTER AUF TREPPEN & STUFEN

Platzsparend und einfach ist es, Kräutertöpfe auf verschiedene Stufen zu stellen. Wenn Sie eine breite Treppe haben, können Sie an den Rändern der Stufen Kräutertöpfe stellen. Das sieht schön aus und der Platz ist gut genutzt. Haben Sie keine Treppenstufen zur Verfügung, können Sie sich eine Kräutertreppe selbst bauen. Am einfachsten geht es, wenn Sie Holzkisten stufenförmig aufstapeln und darauf die Töpfe verteilen. Wenn Sie Lust haben und ein guter Handwerker sind, können Sie sich natürlich auch eine Treppe aus Holz selbst bauen. Das Material ist meist am günstigsten und außerdem leicht zu verarbeiten. Gebrauchte Paletten zum Beispiel sind einfach zu bekommen: Sie sind sehr stabil und können, zur Treppe umgebaut, viele Kräutertöpfe tragen.

Besonders einfach ist es, eine Trittleiter aufzuklappen. Legen Sie Holzbohlen oder -bretter auf die verschiedenen Stufen und stellen Sie die Töpfe darauf, fertig ist die Kräutertreppe. Wenn Sie die Töpfe abwechselnd mit stehenden und hängenden Kräutern bepflanzen, ist die Leiter im Handumdrehen begrünt. Sie müssen nur darauf achten, dass die Bohlen gut befestigt, am besten verklebt oder angeschraubt sind. Wenn Sie auf dem Balkon wenig Platz haben, können Sie eine Leiter an die Wand lehnen und kleine Kräutertöpfe auf die einzelnen Stufen stellen. Sind Ihnen Holztreppen und Leitern zu rustikal, können Sie Steine zu Stufen aufstapeln. Besonders leicht und einfach zu handhaben sind Steine aus Porenbeton.

Das selbstgebaute Kräuterregal aus Treibholz beherbergt viele Pflanzen auf kleiner Fläche.

AUF DIE BEFESTIGUNG KOMMT ES AN

Wenn die Kräuter größer werden, fangen frei stehende Töpfe leicht an zu kippen und sollten spätestens jetzt sicher befestigt werden. Das gelochte Regalbrett bietet auch bei starkem Wind Sicherheit. Hängende Töpfe werden am besten mit stabilem Draht befestigt.

HÄNGENDE KRÄUTERGÄRTEN

Der echte Kräuterliebhaber wird seinen begrenzten Platz auf Balkon und Terrasse ganz schnell verbraucht haben und es bleiben trotzdem noch viele Wünsche offen. Auf dem Balkon können Sie noch Blumenampeln aufhängen oder Töpfe und Kästen an der Balustrade befestigen. Besonders platzsparend sind Blumenampeln mit mehreren Etagen.

Auf der Terrasse bleibt manchmal nur noch Platz an Wänden und Mauern. Hängen Sie fertige Pflanztaschen mit vielen Fächern auf – es gibt sie in vielen verschiedenen Größen und Farben. Eine freie Wand ist aber auch eine gute Möglichkeit, richtig kreativ zu werden. An Holzwänden können Sie verschieden große Gefäße mit Nägeln, Schrauben oder Draht befestigen und bepflanzen. Viele Urban-Gardening-Projekte nutzen dazu gebrauchte Euro-Paletten und Blechdosen, Tetrapaks, PET-Flaschen und manchmal auch ausrangierte Schuhe. Der romantische Gärtner wird vielleicht eher Terrakottagefäße mit Vorrichtung zum Aufhängen bevorzugen. Besonders flexibel bleiben Sie, wenn Sie Baustahlmatten an Ihren Wänden befestigen, die Sie mit Gefäßen behängen. Eine attraktive Alternative sind schön geschmiedete Stahlzaunelemente. Dort können Sie Töpfe, Taschen, Körbe und andere Gefäße sehr einfach mit S-Haken und Schnüren auf- und umhängen. Außerdem wird so eine Vorrichtung gleichzeitig zum Spalier für Kletterpflanzen. Langweilige Balkongitter oder Maschendrahtzäune an der Terrasse werden – mit Pflanzgefäßen behängt – zu einem lebendigen Lebensraum.

▸ Mit Blumenampeln lässt sich auch der Platz unter der Decke nutzen.

▾ Der Taschengarten ist das Platzwunder im vertikalen Garten: Er bringt viel Grün an die Wand.

▴ Bepflanzte Zäune wirken lebendig. Hängende Töpfe schaffen zusätzlichen Lebensraum für Kräuter.

KRÄUTERWAND

Verwenden Sie die Sichtschutzwände auf Balkon und Terrasse als Pflanzflächen, indem Sie Kräutertöpfe daran befestigen oder wasserfeste Regalböden montieren. Schon ist die Wandfläche sinnvoll genutzt.

GARTENPRAXIS

— auf Balkon & Terrasse

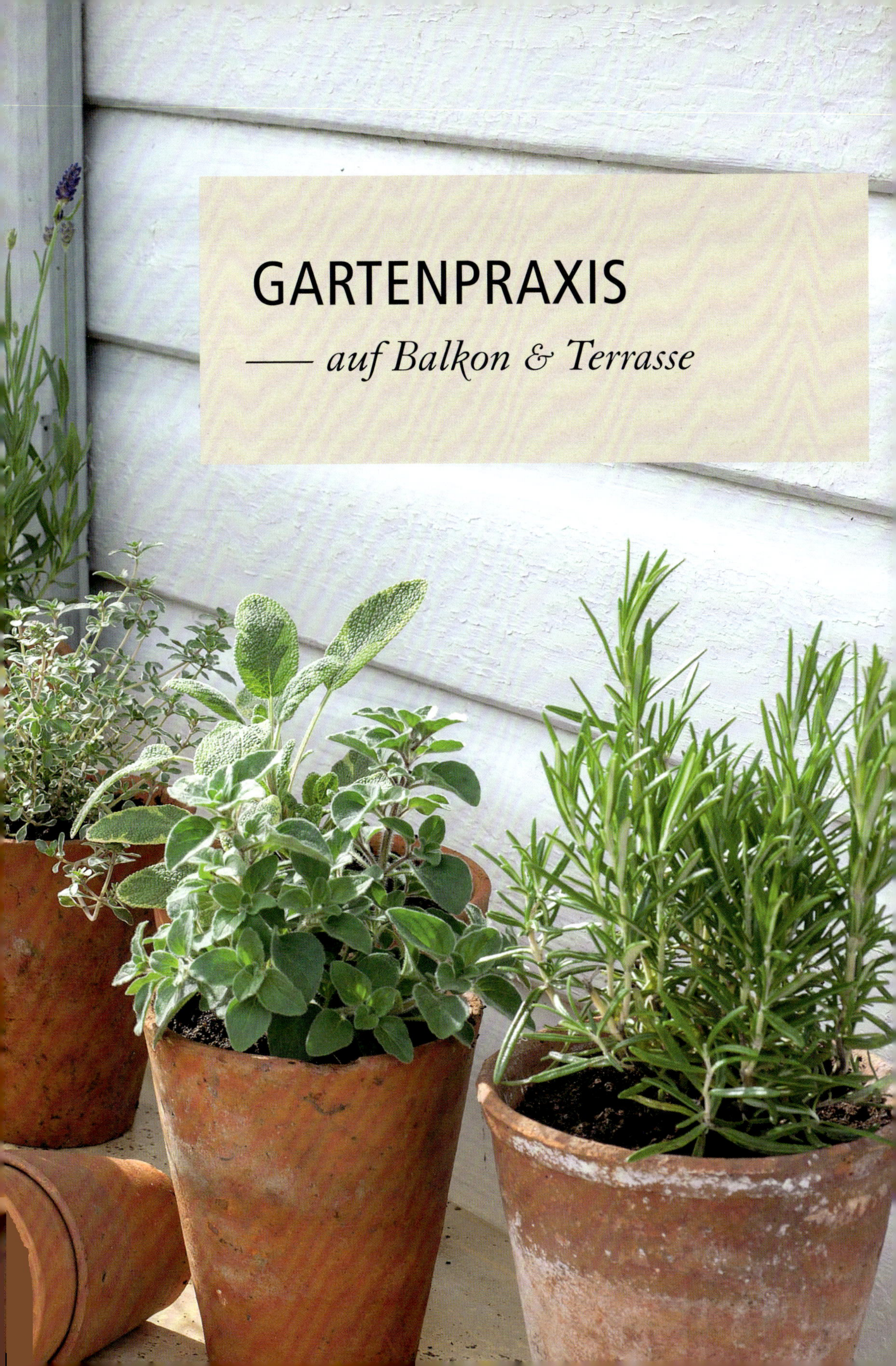

DER BESTE PLATZ

was wächst wo?

Balkon und Terrasse sind in der Regel gute Kräuterquartiere, denn sie sind sonnig und warm. Wenn es im Sommer extrem heiß wird, ist schnell ein wirksamer Sonnenschutz. Die Mehrzahl der Kräuter bevorzugt einen sonnigen oder wenigstens nachmittags besonnten, warmen und windgeschützten Standort. Besonders vor Haus- oder Trennwänden profitieren die wärmeliebenden Kräuter von der tagsüber gespeicherten Sonnenwärme. Liegt die Terrasse allzu zugig, können Sie empfindliche Pflanzen durch niedrige Schutzhecken oder Mauern vor Wind schützen. Als Heckenpflanzen eignen sich Halbsträucher wie Lavendel, Salbei, Ysop, Andorn oder Weinraute.

KRÄUTER VOR DEM KÜCHENFENSTER

Kräuter werden meist in der Küche verwendet, daher ist die Fensterbank vor dem Küchenfenster ein sehr praktischer Platz, sofern sie nicht komplett im Schatten liegt.

◄◄ Der stabile Holztisch an der Hauswand schafft Ordnung.

◄ Balkonbalustraden werden mit Kräutern erst richtig schön. Sie bieten Platz für viele Töpfe.

KRÄUTER AUF DER FENSTERBANK

Die einfachste Möglichkeit, und oft auch der am besten zu erreichende Platz, ist die Küchenfensterbank. Innen sind Anzuchtgefäße und Zimmerpflanzen zu Hause und die Außenfensterbank ist ein prima Platz für Kräuter. Wichtig ist natürlich, dass die Töpfe gut befestigt werden, damit sie bei Sturm nicht umstürzen oder runterfallen und dabei größeren Schaden anrichten. Schützen Sie die Töpfe durch ein kleines Geländer oder ein stabiles Brett vor dem Umfallen.

Da die Fenster in verschiedene Himmelsrichtungen ausgerichtet sind, ergeben die Fensterbänke natürlich auch ganz verschiedene Kräuterstandorte. Je sonniger, umso besser geeignet für die meisten Kräuter.

REGALE, TISCHE, BLUMENBÄNKE & CO.

Auf großen Balkonen und Terrassen gibt es oft einen zusätzlichen Tisch, eine Blumenbank, an der Wand vielleicht Regale oder an der Decke Blumenampeln. Überall ist Platz für Töpfe und Kisten mit Kräutern und das meist noch in verschiedenen Stufen. Manche Plätze beschatten sich gegenseitig, dort können Kräuter mit unterschiedlichen Lichtansprüchen nebeneinander wachsen. Mediterrane Kräuter wie Thymian, Salbei oder Lavendel bekommen den sonnigsten Platz und Kräuter, die mit Halbschatten oder Schatten zurechtkommen wie Minze, Bärlauch oder Waldmeister wachsen auf den weniger besonnten Plätzen. Zum Bepflanzen von Ampeln eignen sich hängende Formen von Kräutern, wie Kaskaden-Thymian oder hängender Rosmarin sehr gut.

GELÄNDER, ZÄUNE UND MAUERN – IN DER VERTIKALEN IST VIEL PLATZ

Auch kleine Balkone werden zum Kräutergarten, wenn Sie Ihren Platz geschickt nutzen. Besonders an Geländern und in der Vertikalen ist meist reichlich Platz. Befestigen Sie Töpfe und Kästen stets sicher, denn nur so halten sie auch bei Sturm. Für Balkonkästen gibt es sichere Halterungen, die fest verschraubt werden. Töpfe können gelocht und mit Draht oder einem stabilen Strick an Wänden oder als Ampeln aufgehängt werden.

GEFÄSSE, ERDE, PFLANZEN

einkaufen & loslegen

Kräuter eignen sich perfekt für die Topfkultur. Bei der Auswahl sollten Sie auf Gesundheit und hohe Qualität achten. Gesund aussehende Blätter, zahlreiche, kräftige Austriebe und eine gute Durchwurzelung des Erdballens sind die entscheidenden Qualitätsmerkmale. Also gilt es, vor dem Kauf die Kräuter genau zu inspizieren. Achten Sie besonders darauf, dass Blätter und Blüten frei von Schädlingen sowie Schimmel- und Rostpilzen sind.

Wichtigste Vorausetzungen für gesundes Pflanzenwachstum und reiche Ernte sind geeignete Gefäße und die richtige Erde.

Gesunde Wurzeln sind hellbraun bis weiß und haben helle, vitale Spitzen.

AUF DIE ERDE KOMMT ES AN

Für gesundes Kräuterwachstum ist die richtige Erde besonders wichtig. In der Regel kann eine hochwertige Kübelpflanzenerde verwendet werden. Je nach den Ansprüchen der Pflanzen an das Substrat können Sie die Erde noch verbessern oder die Pflege anpassen.

SUBSTRAT	WAS KANN MAN TUN?
FEUCHT	VIEL GIESSEN
TROCKEN	WENIG GIESSEN
FRISCH	REGELMÄSSIG GIESSEN
LOCKER, DURCHLÄSSIG	ETWAS SAND UND KOMPOST UNTERMISCHEN
SANDIG	VIEL SAND UNTERMISCHEN (1:3)
HUMOS	KOMPOST UNTERMISCHEN (1:4)
NAHRHAFT	REGELMÄSSIG DÜNGEN
MAGER	SELTEN DÜNGEN
KALKHALTIG	ETWAS KALK UNTERMISCHEN
SAUER	TORF UNTERMISCHEN (1:3)

1: Grober Sand ist zum Verbessern schwerer Böden geeignet.

2: Kokosfasern sind guter Torfersatz.

3: Kokosziegel werden in Wasser eingeweicht und zerfallen zu Kokosfasern.

4: Ein guter Mutterboden ist sandiger Lehm, er enthält viel Humus.

5: Optimale Topferde: Sie ist stabil und speichert Nährstoffe, Wasser und Luft.

6: Terra Preta ist ein Superkompost und enthält viele Nährstoffe.

DER PASSENDE TOPF

Gefäße gibt es in unterschiedlichen Größen, Formen und Materialien. Egal ob Terrakotta, Holz, Kunststoff, Blech oder auch Recyclingprodukte, alle Arten von Töpfen sind für Kräuter gut geeignet. Die Größe der benötigten Gefäße lässt sich leicht aus der zu erwartenden Größe der Pflanzen ableiten. Als Faustregel gilt, dass das Wurzelvolumen einer Pflanze kaum geringer ist als die dazu gehörenden oberirdischen Pflanzenteile. Für eine 40 bis 60 cm hohe mehrjährige Pflanze wird ein Gefäß mit einem Durchmesser von 18 bis 22 cm benötigt. Wichtig ist bei allen Gefäßen, dass ein Zuviel an Wasser abfließen kann und dass die Wurzeln der Pflanzen ausreichend belüftet werden. Entweder werden sie gut drainiert oder die Gefäße müssen im Boden ausreichend große Löcher haben. Kieselsteine, Tonscherben, Blähton oder auch grober Sand sind als Drainagematerial sehr gut geeignet. Eine wirksame Drainageschicht sollte etwa 2 bis 3 cm stark sein. Vorsicht beim Gießen, die Drainageschicht kann nicht unbegrenzt Wasser aufnehmen.

DIE RICHTIGE ERDE

Kräuter haben unterschiedliche Ansprüche an die Erde, in der sie wachsen. Für die Vermehrung ist es gut, eine nährstoffarme Aussaaterde oder Kokossubstrat zu verwenden. Zur Weiterkultur ist in den meisten Fällen eine wirklich gute Kübelpflanzenerde die beste Wahl. Die in ihr enthaltenen Nährsalze versorgen die Pflanzen in der Regel einen Monat lang, anschließend wird regelmäßig flüssig nachgedüngt. Wenn Sie es besonders richtig machen möchten, können Sie eine fertig gemischte Kräutererde kaufen. Mittelmeerkräuter wie Rosmarin, Thymian oder Salbei lieben Trockenheit und Wärme und benötigen daher magere, durchlässige Erde. Die bekommen Sie am einfachsten, indem Sie Estrichsand mit Kübelpflanzenerde (1:4) mischen. Für Kräuter, die es feuchter lieben wie Zitronen-Melisse oder Pfefferminze, benötigen Sie eine Erde, die einen höheren Tonanteil hat, sehr strukturstabil ist und möglichst wenig schimmelt. Hier sind die etwas teureren Markenerden für Kübelpflanzen gefragt.

▸ Gefäße mit geschlossenem Boden bekommen eine Drainage aus Kieselsteinen, Scherben oder Sand.

◂ Anschließend wird die Pflanze in lockere, möglichst hochwertige Erde gesetzt.

▾ Der Wurzelballen wird angedrückt, sodass ein wenigstens 1 cm hoher Gießrand entsteht.

SO WIRD GEPFLANZT

Sobald die Frühjahrssonne ausreichend Wärme abgibt, können die Kräutertöpfe bepflanzt werden. Achten Sie darauf, dass für alle Pflanzen ausreichend Platz zur Verfügung steht, die Gefäße groß genug sind und dass die Erde passt – frisch, strukturstabil und nahrhaft oder mit Sand gemischt.

Gebrauchte Gefäße oder Reycyclingprodukte sollten vor dem Bepflanzen gut gereinigt und am besten desinfiziert werden, das erspart Ihnen so manche Wurzelkrankheit und die Kräuter wachsen besser. Wenn Sie Töpfe mit Löchern zu bepflanzen haben, ist es sinnvoll, diese mit Kieselsteinen oder Tonscherben abzudecken. So können Sie verhindern, dass Erde aus den Löchern rieselt. Dann die Gefäße zur Hälfte mit Erde füllen und darauf die ausgetopften Jungpflanzen verteilen. Die Wurzelballen der Jungpflanzen sollten nicht ausgetrocknet sein, sonst wachsen die Pflanzen schlechter an. Extrem trockene Pflanzen werden vor dem Umtopfen für einige Minuten getaucht. Denken Sie daran, dass fast jedes Kraut stark wächst. Mehrjährige Pflanzen brauchen Platz für viele Jahre, einjährige Kräuter werden einzeln oder in größeren Gefäßen kombiniert gepflanzt. Sie können nur gut zusammengepflanzt werden, wenn sie ähnliche Ansprüche an Licht und Boden haben und jede Pflanze ausreichend Platz bekommt. Gut bewährt haben sich Kombinationen von Halbsträuchern wie Thymian, Salbei und Lavendel mit einjährigen Pflanzen, beispielsweise Bohnenkraut oder auch Borretsch. Säen Sie jeweils im Frühling die Einjährigen dazwischen. Wenn die Halbsträucher im Laufe der Jahre größer geworden sind, säen oder pflanzen Sie keine Einjährigen mehr nach. Eine Übersicht, welche Pflanzen Sie gut miteinander kombinieren können, finden Sie auf S. 120.

Wenn alle Pflanzen in den Töpfen gut verteilt sind, wird Erde bis zum Rand aufgefüllt. Durch anschließend leichtes Andrücken entsteht ein Gießrand, der verhindert, dass die Erde beim Gießen weggespült wird.

GIESSEN NICHT VERGESSEN

Nach dem Umpflanzen werden die Pflanzen angegossen. Dabei wird Wasser an die Wurzeln gespült und die Pflanzen wachsen schnell an. Vorsicht bei Gefäßen ohne Löchern: Die Drainage nimmt nur begrenzt Wasser auf.

GUTE PFLEGE

für beste Ernten

Wenn Standort und Erde passen, brauchen Topfkräuter nur wenig Pflege: Schneiden, regelmäßiges Gießen und ausreichende Düngung gehören dazu.

GIESSEN – ABER RICHTIG

Pflanzen brauchen Wasser für den Nährstofftransport, den Erhalt der Pflanzengestalt, den Stoffwechsel und zur Kühlung von Blättern und Blüten. Da Topfpflanzen nur in einem eng begrenzten Raum wurzeln können, ist das regelmäßige Gießen besonders wichtig. Gut ist es, sie gründlich zu gießen und den Ballen dann immer wieder abtrocknen zu lassen. So werden die Wurzeln gleichmäßig mit Wasser und Luft versorgt. Nicht jeder Topf muss ständig nass gehalten werden, viel wichtiger ist es, auf die Bedürfnisse der einzelnen Pflanzen einzugehen. Es gibt Kräuter, die mit extrem trockenen Standorten gut zurechtkommen wie Thymian oder Rosmarin, und Kräuter, die viel Wasser benötigen, wie die Pfefferminze. Die Mehrzahl aller Kräuter benötigt gut durchfeuchtete Erde, die gelegentlich auch mal austrocknen darf. Kräutertöpfe mit Loch bekommen Untersetzer aus Kunststoff oder Keramik. Sie halten etwas Wasser, sollten aber bei viel Regen geleert werden, denn Kräuter mögen keine Staunässe.

Gießhelfer

Für Kräuterfans, die oft unterwegs sind, bieten sich automatische Bewässerungssysteme an. Mittlerweile gibt es verschiedene

Produkte auf dem Markt. Einmal eingebaut, können die Pflanzen über längere Zeit mit Wasser versorgt werden. Im Profigartenbau abgeschaut und besonders gut geeignet ist eine Tröpfchenbewässerung, die als System von verschiedenen Herstellern angeboten wird. Dünne Schläuche werden in die Erde gesteckt und über ein Dosiergerät an den Wasserhahn angeschlossen. So werden die Kräuter permanent mit Wasser versorgt. Ein cleveres Gießsystem ist auch der Blumat. Der poröse Tonkegel saugt bei Trockenheit Wasser über einen Schlauch oder aus einer Flasche an. Besonders einfach ist es, Bindfäden oder Streifen von Frotteetüchern in der Erde der Töpfe zu versenken und die anderen Enden in einen Wassereimer zu legen. Bei Trockenheit saugen Erde und Wurzeln so viel Wasser, wie sie benötigen.

DÜNGEN NICHT VERGESSEN!

Beim Nährstoffbedarf haben Pflanzen sehr unterschiedliche Ansprüche. Viele Kräuter bevorzugen nährstoffreiche, humose Erden, mediterrane Kräuter wie Thymian oder Rosmarin lieben eher magere, sandige Böden. Eins gilt für alle: Die Kräuter sollten spätestens vier Wochen nach dem Einpflanzen oder Umtopfen nachgedüngt werden, denn dann sind die Nährstoffe der Erde in der Regel verbraucht.

Grundsätzlich gibt es zwei verschiedene Methoden, zu düngen. Mineralische Dünger sind einfach zu dosieren, und der Nährstoffbedarf der Pflanzen wird gut abgedeckt. Besser für die Erde und nachhaltiger für die Umwelt ist es, Biodünger zu verwenden. Sie werden aus organischen Materialien hergestellt und in fester oder flüssiger Form verkauft. Auch selbst hergestellte Pflanzenjauchen können Ihre Kräuter gut mit Nährstoffen versorgen.

Kräuter sind dankbar für abgestandenes, temperiertes Gießwasser, am besten Regenwasser.

Die meisten handelsüblichen Dünger sind Volldünger und haben meist einen hohen Stickstoffanteil. Stickstoff fördert das Pflanzenwachstum, das heißt aber auch, Aroma und Geschmack gehen verloren. Außerdem verzögert zu viel Stickstoff die Blütenbildung, ein Nachteil für Kräuter, deren Blüten und Früchte geerntet werden sollen. Nachgedüngt werden muss aber in jedem Fall, nur auf die Menge kommt es an. Sehr einfach ist es, flüssig zu düngen, und dazu reicht ein handelsüblicher Flüssigdünger für Balkonpflanzen meist völlig aus. Während der Wachstumsmonate wird einmal wöchentlich gedüngt.

Eine gute Alternative sind Volldünger zum Ausstreuen. Sie lösen sich beim Gießen langsam auf und versorgen die Topfpflanzen mit Nährstoffen. Am praktischsten sind Langzeitdünger, sie werden einmal verteilt und versorgen die Kräuter den ganzen Sommer lang.

Besonders wichtig: Regelmäßig unerwünschte Wildkräuter entfernen, denn sie konkurrieren mit den Kräutern um das geringe Platz- und Nährstoffangebot.

◂ Kleinwerkzeuge werden ständig gebraucht und benötigen einen übersichtlichen Platz.

KOMPOST

Ohne Kompost geht es den Pflanzen nicht wirklich gut, auch nicht auf dem Balkon. Er ist ein idealer Dünger und liefert gute Erde. Kompostieren ist nicht wirklich schwer, wie so oft hilft Ihnen ein Blick in die Natur. Egal ob in Wäldern oder auf Wiesen, fallende Blätter und abgestorbene Pflanzenteile verrotten, verbessern den Boden und ernähren die Pflanzen im nächsten Jahr. Was also liegt näher, als die Natur nachzuahmen und gesunde Kreisläufe durch Kompost aufzubauen?

Der Komposthaufen vor der Terrasse

Wenn Sie im Garten genügend Platz haben, dann besorgen Sie am besten zwei Kompostkisten und stelle diese im Halbschatten von Bäumen auf. Falls Sie nicht genug Platz haben, reichen auch Komposttonnen aus. In einem Behälter können Sie zunächst Garten- und Küchenabfälle sammeln und im zweiten wird der Kompost später aufgeschichtet. Zum Kompostieren sind Gartenabfälle, klein geschnittenes Strauchwerk, Wildkräuter und Staudenschnitt gut geeignet. Aber auch Rasen, verdorbenes Fallobst und Laub gehören auf den Komposthaufen. Aus dem Haushalt kommen noch Kaffee- und Teefilter, Eierschalen, Gemüsereste und vertrocknete Blumen hinzu. Ungeeignet sind Wurzelunkräuter wie Quecke oder Giersch, Unkräuter mit reifem Samen oder kranke Pflanzenteile aus dem Garten. Und auch nicht alle Küchenabfälle sind gut: Speisereste, Backwaren, Öle und Fette und auch Ofenasche gehören nicht auf den Komposthaufen.

Haben Sie genug Material gesammelt, können Sie im zweiten Behälter mit der Schichtung beginnen. Ganz nach unten gehört etwas Strauchschnitt und darüber werden die Grünabfälle in dünnen Schichten aufgetragen. Grobe Abfälle werden mit feinen abgewechselt und feuchtere mit trockenen. Ist alles gut geschichtet, beginnt der Rotteprozess sehr schnell. Nach etwa drei Monaten wird der halbverrottete Kompost in den zweiten Behälter umgesetzt und ist nach etwa sechs weiteren Monaten fertig. Im ersten Behälter kann dann schon ein neuer Kompost geschichtet werden.

Vor dem Ausbringen wird der Kompost gesiebt und grobe, bisher nicht verrottete Abfälle wandern auf den neuen Kompost. Guter Kompost bildet die Grundlagen für gesundes Pflanzenwachstum und kann direkt zum Auffüllen von abgesackter Erde in Kästen und Töpfen verwendet werden. Außerdem können Sie gekaufte Erde mit Kompost strecken, indem Sie etwa ein Drittel Kompost beimengen.

Die Wurmkiste für den Balkon

Eine Wurmkiste ist eine rundum geschlossene Holzkiste aus unbehandeltem Holz. Sie wird mit allerlei kompostierbaren Materialien (s.o.) gefüllt und feucht gehalten. Für den Anfang ist es hilfreich, wenn Sie sich eine Handvoll Kompostwürmer besorgen und diese unter die Küchenabfälle mischen. Wenn Ihre Kiste etwa halb gefüllt ist, können Sie den Inhalt auf einer Seite zusammenschieben und auf der frei gewordenen Seite frische Pflanzenabfälle neu häufen. Sofort beginnen die Kompostwürmer, dort ihre Nahrung zu holen. Ist die zweite Hälfte ebenfalls gefüllt, können Sie bald beginnen, die Seite mit dem älteren Kompost zu ernten. Dazu lassen Sie sie zunächst etwas austrocknen. Die Kompostwürmer wandern in die „frische" Hälfte und Sie können Ihren Humus entnehmen. Die Wurmkiste ist geruchsneutral und damit ideal für den Balkon geeignet.

◄◄ Gemischte Küchenabfälle in einem Eimer sammeln, Würmer dazugeben.

◄ Nicht mehr ganz frisches Gemüse klein schneiden und in den Eimer füllen.

WURMKISTE

Auch wenn Sie keinen Garten haben, sondern auf Balkon oder Terrasse gärtnern, brauchen Sie auf einen Kompost nicht zu verzichten. Platz für eine Wurm- oder Kompostkiste ist fast überall, Hauptsache ist, sie steht trocken.

▲ Zum Schluss alles vermengen und in ein Fach der Wurmkiste füllen.

Ebenenkomposter

Besonders praktisch sind Ebenenkomposter. Sie bestehen aus einem Auffangbecken für Flüssigkeit und aus stapelbaren Ebenen mit durchlöcherten Böden. Diese werden nacheinander gefüllt und gestapelt, so ist immer eine Ebene reif zum Komposternten. Die anfallende Flüssigkeit können Sie gut als Flüssigdünger verwenden.

FÜR JEDE PFLANZE DER RICHTIGE SCHNITT

Form- und Pflegeschnitte sind ein Muss für die meisten Kräuter, denn fast alle wachsen den Sommer über sehr üppig. Krautige Pflanzen, zum Beispiel Pfefferminze oder Zitronen-Melisse, werden bei der Ernte im Sommer vollständig abgeschnitten. Sie treiben schnell wieder aus und können in der Regel einige Wochen später erneut geerntet werden. Wenn Sie sie nicht ernten, blühen diese Kräuter im Frühsommer und bilden später hübsche Fruchtstände. Spätestens vor dem nächsten Austrieb im Frühjahr sollten Sie sie allerdings dann doch zurückschneiden. Dazu werden die Triebe direkt über dem Erdboden abgeschnitten. Wenn Sie vermeiden möchten, dass sich die Kräuter allzu stark ausbreiten, sollten Sie den Rückschnitt spätestens vor der vollständigen Samenreife durchführen.

Mediterrane Halbsträucher, zum Beispiel Salbei, Ysop oder Lavendel, sind etwas empfindlicher. Sie werden im Sommer nur geerntet und bekommen ihren Formschnitt im zeitigen Frühjahr. Dann darf auch bis in das alte Holz geschnitten werden.

Auch wenn Kräuter nicht geerntet werden, fördert das Entfernen alter Blütenstände den frischen Austrieb, und das führt häufig zum zweiten Blütenflor im Spätsommer. Kräuter sehen immer gut aus, wenn alle vertrockneten Pflanzenteile regelmäßig abgeschnitten werden.

▲ Rosmarin benötigt gut durchlässige Erde. Erde mit Sand mischen (4:1). Wurzelballen aufreißen und abgestorbene Wurzeln entfernen.

◄ Nach dem Umtopfen den Wurzelballen gut andrücken und bei Bedarf etwas Erde auffüllen. Bitte den Gießrand nicht vergessen.

UMTOPFEN – ABER RICHTIG

Kräuter im Topf sind praktisch und bleiben über viele Jahre schön, wenn sie ab und zu mehr Platz und frische Erde bekommen. Das Frühjahr ist zum Umtopfen von älteren, mehrjährigen Kräutern wie Rosmarin oder Zitronenstrauch die beste Zeit. Wenn diese aus dem Winterquartier kommen, wird der ganze Erdballen aus dem Gefäß genommen und verbrauchte Erde und abgestorbene Wurzeln werden, so gut es geht, entfernt. Stark verfilzte Wurzelballen können mit den Händen etwas angerissen werden. Das neue Gefäß sollte einen mindestens 4 cm größeren Durchmesser als das alte haben und wird wie auf S. 35 beschrieben bepflanzt. Wenn Sie reifen Kompost haben, können Sie Ihre Topferde ein wenig strecken und zusätzlich mit Kompost mulchen. So verdunstet weniger Wasser aus der Erde und durch gute Versorgung der Bodenorganismen wird die Topferde nachhaltig belebt. Nach dem Umtopfen wird gegossen, bis die Erde gut durchfeuchtet ist.

◄ Rosmarin wird nach dem ersten Austrieb gestutzt. So verzweigt er sich und wächst kompakt. .

◂ Raupen sind gefräßig: Sie nagen an Blatträndern oder fressen Löcher. Regelmäßiges Absammeln hilft.

◂ Schildläuse saugen an Pflanzen und scheiden Honigtau aus. Sie lassen sich mit Parafinölpräparaten bekämpfen.

▴ Blattläuse sind stark verbreitet. Es gibt viele unterschiedlich gefärbte Arten. Handlungsbedarf gibt es nur bei starkem Befall.

▸ Spinnmilben mögen trockene Hitze und verursachen teilweise erheblichen Schaden.

▸▸ Weiße Fliegen (Mottenschildläuse) lieben trockenes, warmes Klima. Sie schädigen die Blätter von unten.

KRANKHEITEN UND SCHÄDLINGE – BEI MIR NICHT

Kräuter haben die Eigenschaften ihrer Wildformen nicht verloren und sind daher recht robust. Allerdings haben es Topfkräuter wegen ihres begrenzten Wurzelwachstums etwas schwerer. Es ist daher besonders wichtig, sie gut zu versorgen, das heißt, der beste Standort, die richtige Erde und entsprechend ihrer Art und Herkunft ausreichend Wasser und Nährstoffe, aber auch nicht zu viel. Wählen Sie den Standort der Kräuter immer so, dass sie nicht zu eng stehen und ausreichend Licht und Luft bekommen. Wenn Sie alles richtig gemacht haben, wachsen Ihre Kräuter sehr gut und es ist kaum mit Problemen durch Pflanzenkrankheiten oder Schädlinge zu rechnen. Die duftenden oder würzig schmeckenden Inhaltstoffe tragen zusätzlich zur Gesunderhaltung der Kräuter bei. Grundsätzlich gilt, dass Kräuter, die ätherische Öle enthalten wie Lavendel, Salbei oder auch Thymian, schädliche Insekten vertreiben und dass Kräuter mit Scharfstoffen den Pilzbefall reduzieren. Natürlich ist es auch hilfreich, vergilbte Blätter und verblühte Blütenstände regelmäßig zu entfernen, dann hat zum Beispiel der Schimmelpilz kaum eine Chance. Dennoch kann es bei ungünstiger Witterung zu Problemen durch Schadinsekten oder Pilzerkrankungen kommen. Zur Vorbeugung können Sie Ihre Pflanzen mit Kräuterjauchen stärken.

Jauchen und Brühen

Eine Jauche kann mit ganz unterschiedlichen Pflanzen angesetzt werden. Lavendel, Thymian und Salbei schützen vor Schädlingen, Rainfarn und Schachtelhalm wirken vorbeugend gegen Pilzkrankheiten. Brennnesseljauche ist Dünger und Spritzmittel in

▶ Rost ist eine Pilzkrankheit, die sich von der Blattunterseite her ausbreitet.

▶▶ Echter Mehltau ist eine Pilzkrankheit. Temperaturschwankungen und Nässe fördern den Befall.

Nicht alle Kräuter sind frosthart. Empfindliche Pflanzen bekommen einen Winterschutz

einem und Beinwell versorgt alle Pflanzen mit Nährstoffen. Zum Herstellen einer Jauche benötigen Sie ein ausreichend großes Gefäß. Dieses kann aus Kunststoff, Emaille oder Holz gefertigt sein, denn ein Gefäß aus Metall kann während der Gärung ungünstige chemische Reaktionen auslösen. Füllen Sie das Gefäß zunächst zur Hälfte mit klein geschnittenen, frischen Kräutern und dann mit Wasser auf. Am besten ist abgestandenes, warmes Regenwasser geeignet. Anschließend wird das Gefäß mit einem Gitter abgedeckt. So ist die Jauche während der Gärung gut belüftet und es können keine kleinen Tiere oder Vögel zu Schaden kommen. Während der Gärung wird gelegentlich umgerührt und nach etwa zwei Wochen hat die Jauche eine dunkle Farbe angenommen. Dann wird sie abgeseiht. Vor dem Ausbringen wird die Jauche unbedingt im Verhältnis von 1:10 verdünnt. Eine Kräuterjauche entwickelt während der Gärung natürlich unangenehme Gerüche.

Wenn Ihr Gefäß auf dem Balkon stehen muss, kann eine Kräuterbrühe die bessere Alternative sein. Eine Kräuterbrühe wird genauso angesetzt wie eine Jauche, aber bereits nach wenigen Tagen, also vor der Gärung, verwendet. Eine Brühe ist nicht so konzentriert wie eine Jauche, Sie können sie daher unverdünnt verwenden.

So können Sie kranken Kräutern helfen

Häufig sind Fraßspuren an den Blättern zu finden. Die Ursache sind fast immer Raupen oder Schnecken, die sich durch regelmäßiges Absammeln gut reduzieren lassen. Schadinsekten wie Blattläuse oder Erdflöhe kann man am besten mit handelsüblichen, für Mensch und Tier unbedenklichen Spritzmitteln bekämpfen. Kräuterbrühe oder -jauche ist natürlich genauso wirksam und dabei unbedenklich und preisgünstig. Ist der Sommer kühl und feucht, ist gerade bei Zitronen-Melisse, Minzen und einigen Salbeiarten mit Pilzkrankheiten wie Mehltau oder Rost zu rechnen. Diese werden am besten durch einen starken Rückschnitt aller befallenen Kräuter bekämpft. Die befallenen Pflanzenteile sollten anschließend gut entsorgt werden, am besten über den Hausmüll.

RICHTIG DURCH DEN WINTER

Viele unserer Topfkräuter sind in wärmeren Regionen zu Hause. Wenn Sie sie viele Jahre behalten möchten, benötigen sie einen geeigneten Winterschutz. Mehrjährige Mittelmeerkräuter wie Lavendel oder Weinraute können in ihrem Topf im Freiland überwintern. Wichtig ist es, einen windgeschützten

Platz für sie zu finden. Bitte achten Sie darauf, dass die Erde nicht über einen längeren Zeitraum ausgetrocknet bleibt oder dass die Pflanze während einer langen Frostperiode nicht verdurstet. Um das Durchfrieren der Töpfe zu verhindern, werden diese auf Holzklötzchen gestellt und mit Fichtenreisig oder Stroh und einem luftdurchlässigen Tuch eingepackt. Dazu eignen sich am besten grobmaschige Ballentücher oder Jutesäcke.

Halbsträucher wie Salbei oder Rosmarin fangen in der ersten Frühjahrssonne an, zu treiben, und werden dann leider oft durch Spätfröste geschädigt. Diese Pflanzen sind dankbar für eine Abdeckung mit Fichtenzweigen oder Laub. Zum Fixieren der Abdeckung können ebenfalls Ballentücher verwendet werden.

Stark frostempfindliche exotische Kräuter oder einige mediterrane Kräuter, beispielsweise Frucht-Salbei, Zitronenstrauch oder Lorbeer, benötigen zum Überwintern einen frostfreien, hellen Raum. Die Temperaturen sollten 10 °C nicht übersteigen. Geeignet sind deshalb nicht geheizte Räume, helle Keller oder auch Treppenhäuser. Diese Pflanzen wachsen auch im Winter und sollten gelegentlich gegossen werden, wobei Staunässe unbedingt zu vermeiden ist.

Im Frühjahr werden die Kräuter bei Bedarf umgetopft, in Form geschnitten und dann langsam wieder an das direkte Sonnenlicht gewöhnt. Spätestens ab Mitte Mai, wenn keine Spätfröste mehr zu erwarten sind, können sie ihren endgültigen Freiluftplatz wieder einnehmen.

WENN ES LANGE FROSTIG IST

Lange Frostperioden sind für Topfkräuter immer ein Problem. Friert die Erde im Topf durch, können die Wurzeln kein Wasser mehr aufnehmen und die Kräuter vertrocknen. Das können Sie verhindern, indem Sie die Töpfe von Zeit zu Zeit im Treppenhaus auftauen.

KRÄUTER VERMEHREN

durch Aussaat & Co.

Die meisten Kräuter lassen sich gut durch Aussaat vermehren. So kommen Sie preisgünstig zu vielen Pflanzen. Nachteil ist, dass es gerade bei mehrjährigen Kräutern ziemlich lange dauert, bis Sie zum ersten Mal ernten können. Für die Aussaat benötigen Sie gesundes, frisches Saatgut, saubere Gefäße, Aussaaterde und einen gut temperierten Platz. Es gibt unter den Kräutern Licht- und Dunkelkeimer sowie Frostkeimer. Lichtkeimer keimen nur bei Tageslicht und Dunkelkeimer unter einer Erdschicht. Frostkeimer benötigen zum Keimen eine Kühlphase, sie kommen bei Kräutern aber selten vor.

AUSSÄEN SCHRITT FÜR SCHRITT

Die Gefäße mit Erde füllen, glatt streichen, andrücken und gut anfeuchten. Das Saatgut wird nun sparsam ausgebracht, denn aus fast jedem Saatkorn wächst später eine Pflanze. Nach der Aussaat wird das Saatbeet von Dunkelkeimern dünn mit Erde abgestreut, sehr feines Saatgut können Sie auch einfach mit Papier abdecken. Die Saatbeete von Lichtkeimern bleiben unbedeckt! Zum Schluss werden die Saatbeete noch einmal vorsichtig überbraust oder angegossen und die Saatkisten bekommen einen hellen, warmen Platz. Bis zum Keimen der Pflänzchen sollten die Saatbeete gleichmäßig feucht gehalten werden.

Das ist beim Pikieren wichtig!

Wenn es nach ein paar Wochen im Saatgefäß zu eng wird, sollten die Jungpflanzen vereinzelt, das heißt pikiert werden. Pikiert

AUSSAAT – GEWUSST WIE

Basilikum wird durch Aussaat vermehrt und braucht zum Keimen viel Wärme. Das Saatgut wird ab März auf die Erde gestreut (Lichtkeimer) und keimt am besten auf der Fensterbank bei Temperaturen über 18 °C.

SAATGUT AUFBEWAHREN

Nicht verbrauchtes Saatgut können Sie später noch verwenden. Trocknen und am besten dunkel einlagern. Wenn Sie sich nicht sicher sind, ob Ihr eingelagertes Saatgut noch keimt, schafft die Keimprobe vor der eigentlichen Aussaat Klarheit. Dazu werden einige Saatkörner ausgesät und später wird nachgezählt, ob und wie viel Prozent der Saat gekeimt ist.

1. Das Saatgut gleichmäßig auf der Erde verteilen und bei Dunkelkeimern mit Erde abdecken.

2. Die Erde etwas andrücken und anfeuchten, damit die Samen Erde gleichmäßig quellen.

wird in Pikierkisten oder in kleine Töpfe mit Aussaaterde. Normale Balkonpflanzenerde enthält zu viele Nährsalze, die die jungen Wurzeln schädigen würden. Füllen Sie die Gefäße mit Erde, drücken diese leicht an und durchfeuchten Sie sie gut. Anschließend werden mit einem Pikierholz oder auch mit einem Bleistift Löcher in die Erde gedrückt. Die jungen Kräuter werden nun vorsichtig aus dem Saatbeet gehoben, ohne die Wurzeln dabei zu verletzen. Bei Bedarf werden lange Wurzeln etwas gekürzt. Pikiert wird eine Pflanze pro Loch und diese wird etwas mit Erde angedrückt, ohne die Wurzeln dabei abzuknicken. Zum Schluss wird vorsichtig angegossen und es geht zurück an den warmen Platz.

VERMEHRUNG OHNE SAMEN

Viele Kräuter kommen selten zur Blüte und setzen daher keine Samen an. Andere blühen reich, produzieren aber nur sterile Samen. Zahlreiche Kulturformen (Hybriden) sind Kreuzungen, die selbst bei Fruchtreife kein sortenreines Saatgut bilden können. All diese Kräuter werden vegetativ vermehrt, das heißt, durch Stecklinge, Ausläufer, Absenker oder durch Teilung des

1. Lange Wurzeln einkürzen. So sind die Pflanzen einfach zu pikieren und das Wurzelwachstum wird angeregt.

2. Die Wurzeln in das Pflanzloch führen und durch vorsichtiges Andrücken der Erde befestigen.

Wurzelballens. Die so vermehrten Kräuter haben exakt das gleiche Erbgut wie ihre Mutterpflanzen.

Stecklinge

Die Vermehrung durch Stecklinge ist am effektivsten. Jede Pflanze liefert zahlreiche Kopf-, Teil- oder Blattstecklinge. Sie fallen beim Rückschnitt an oder werden im Frühsommer geschnitten. Das ideale Schnittwerkzeug ist das Stecklingsmesser, ein Gärtnermesser mit einseitig geschliffener Klinge. Der Steckling wird immer mit der glatten Seite geschnitten, so wird das Pflanzengewebe nicht gequetscht. Kopfstecklinge sind Triebspitzen von Zweigen, Teilstecklinge sind die darunterliegenden Teile des Triebes. Kopf- und Teilstecklinge dürfen nicht weich, aber auch nicht verholzt sein. Stecklingskisten werden genau wie Saatbeete vorbereitet: saubere Gefäße mit Anzuchterde füllen und gießen. Nun werden die frisch geschnittenen, gesunden Stecklinge vorsichtig in die Erde gesteckt und vorsichtig angedrückt. Für sehr weiche Stecklinge können Sie Löcher mit einem Holzstäbchen vorbohren. Dann wird noch einmal vorsichtig gegossen und zum Bewurzeln für hohe Luftfeuchtigkeit gesorgt. Am besten decken Sie die Stecklinge mit Glas oder einer durchsichtigen Kunststoffhaube ab. Zum Bewurzeln benötigen Stecklinge warme, helle, nicht sonnige Plätze. Nach dem Bewurzeln sollten die Stecklinge vorsichtig abgehärtet werden, das heißt nach und nach lüften und im Freiland erst mal in den Schatten stellen.

Absenker

Zahlreiche Kräuter sind Halbsträucher und lassen sich durch Absenker gut vermehren. Dazu wird ein Seitentrieb ausgesucht und angeritzt. Anschließend wird der Trieb vorsichtig nach unten gebogen und in einem Topf mit Erde fixiert. Nach einiger Zeit wurzelt der Absenker und kann dann von der Mutterpflanze abgetrennt werden.

Stecklinge werden vorsichtig in die Erde gesteckt und etwas angedrückt. So fallen sie beim Gießen nicht um.

Minzen wuchern, haben starke Wurzeln und können daher gut durch Teilung der Wurzelstöcke oder Ausläufer vermehrt werden.

Teilung

Viele Kräuter sind Stauden und diese lassen sich gut durch Teilung des Wurzelballens vermehren. Der beste Zeitpunkt dafür ist das Frühjahr.

Ausläufer

Minzen oder Erdbeeren bilden Ausläufer, die sich ideal für die Vermehrung eignen: Einfach einen bewurzelten Ausläufer ausgraben, abschneiden und einpflanzen, fertig.

PFLANZEN TEILEN

Mehrjährige, nicht verholzende Kräuter wie Oregano, Zitronen-Melisse oder Minzen lassen sich leicht durch Teilung des Wurzelstockes vermehren. Diese werden im Herbst oder Frühjahr ausgetopft, in zwei bis vier Teile geteilt und wieder eingepflanzt.

ERNTEN UND HALTBAR MACHEN

so geht's

Kräuter sind immer etwas ganz Besonderes. Zum einen duften sie meist intensiv und zum anderen haben sie unvergleichliche Würzkraft. Wenn Sie behutsam vorgehen, können Sie Düfte und Würze einfangen und für später aufbewahren. Besonders wichtig dafür ist der optimale Erntezeitpunkt der Kräuter und die schnelle Verarbeitung. Blätter werden in der Regel vor der Blüte geerntet und Blüten natürlich, wenn sie vollständig aufgeblüht sind. Samen erntet man, wenn sie trocken sind, und Wurzeln werden im Herbst oder Winter ausgegraben. Selbstverständlich ist es sinnvoll, nur saubere und gesunde Pflanzenteile zu ernten.

TROCKNEN

Kräuter werden am besten durch Aufhängen an einem schattigen, warmen, luftigen Platz getrocknet, zum Beispiel auf dem Dachboden. Belaubte oder blühende Zweige werden in ganzen Trieben geschnitten, zu kleinen, lockeren Sträußen gebunden und kopfüber an Schnüren aufgehängt. Beson-

ders große Blätter oder auch einzelne Blüten können Sie auf Papier auslegen und in Regalen trocknen. Wenn Sie Fruchtstände von Kümmel oder Fenchel zum Trocknen aufhängen, sollten Sie unbedingt ein sauberes Tuch unterlegen, um die Samen aufzufangen. Einfacher ist es, Sie schneiden den ganzen Fruchtstand ab und trocknen ihn auf Papier. Sobald die Kräuter rascheltrocken sind – je nach Wetter nach einigen Tagen –, streift man die Blätter behutsam mit der Hand ab. Auch Blüten und Samen sind auf dem Dachboden rasch trocken.

Zum Aufbewahren werden Kräuter einzeln oder als Mischung lichtgeschützt in verschließbare Gefäße gepackt. Das Beschriften (Name des Krautes und Abfülltag) nicht vergessen! Die meisten Trockenkräuter können Sie mindestens ein Jahr lang verwenden.

Wenn Sie auf den Geschmack gekommen sind und viele Kräuter trocknen möchten oder wenn Sie keinen geeigneten Raum zum Trocknen haben, bietet sich die Anschaffung eines Dörrapparates an. In ihm werden Blätter und Blüten einzeln auf den Sieben ausgebreitet und getrocknet. Der Vorteil: Im Dörrapparat ist die Temperatur regulierbar und das Trocknen geht sehr schnell.

An heißen Tagen verdampft ab der Mittagszeit ein Teil der ätherischen Öle und die Blätter schmecken weniger intensiv. Beim Trocknen nimmt das Aroma noch weiter ab.

WENN ES FIX GEHEN SOLL: EINFRIEREN

Viele Kräuter verlieren beim Trocknen schnell ihr Aroma. Wenn Sie diese trotzdem aufbewahren möchten, können Sie sie portionsweise einfrieren. Bohnenkraut, Dill, Estragon, Kerbel, Liebstöckel, Majoran, Petersilie und Schnittlauch eignen sich zum Einfrieren ganz prima. Der Vorteil ist, Aroma, Inhaltsstoffe und Farbe bleiben weitgehend erhalten. Der Nachteil ist, das Aussehen bleibt auf der Strecke.

Vor dem Einfrieren werden die Kräuter unter fließendem, kaltem Wasser gewaschen und behutsam mit einem Handtuch oder Küchenkrepp trocken getupft. So bilden sich beim Einfrieren weniger Eiskristalle. Anschließend werden die Kräuter grob geschnitten und portionsweise verpackt. Es ist ratsam, die Pakete mit Inhalt und Datum zu beschriften. Tiefkühlkräuter sind sechs bis acht Monate haltbar und werden im gefrorenen Zustand verwendet. Bereits angetaute Kräuter sehen wenig appetitlich aus und schmecken auch weniger.

◂ Blätter haben vor der Blüte das meiste Aroma und werden am besten vormittags geerntet.

KRÄUTER-REZEPTE

—— vom Topf auf den Tisch

KRÄUTER-EISWÜRFEL
Auf die angefrorenen Würfel in der Größe passende Melisseblättchen legen. Mit Wasser, am besten mit einer Kanne, in dünnem Strahl auffüllen. Die Eiswürfel dann im Gefrierschrank in etwa zwei Stunden fest werden lassen.

ERFRISCHENDE KRÄUTERLIMO

mit Rosmarin

DAS BRAUCHEN SIE (FÜR 6 BIS 8 GLÄSER)

- 2 Bund Zitronen-Melisse
- 1 kleiner Zweig Rosmarin
- 500 ml Wasser
- 50 bis 75 g Zucker
- 1 l gut gekühltes Mineralwasser mit Kohlensäure
- etwas Zitronensaft

1. Die Zitronen-Melisse und den Rosmarin waschen und trocken schütteln. Eine kleine Handvoll Melisseblättchen für die Eiswürfel beiseitestellen. Den Rest der Kräuter grob hacken. Alles in ein Gefäß geben. Das Wasser aufkochen, über die Kräuter gießen und abgedeckt 5 Minuten ziehen lassen.
2. Den Aufguss durch ein Sieb abgießen und mit Zucker ganz nach Geschmack süßen. Abkühlen lassen und anschließend kalt stellen.
3. In der Zwischenzeit eine Eiswürfelschale zur Hälfte mit Wasser füllen und im Gefrierschrank ca. 1 Stunde fest werden lassen. Herausnehmen, Melisseblättchen auflegen, mit Wasser auffüllen und nochmals einfrieren.
4. Den Kräutersud mit dem kalten Mineralwasser mischen und mit Zitronensaft abschmecken. Kräuter-Eiswürfel in Gläser füllen, die Limonade darübergießen und mit frischen Melisseblättchen garnieren.

VARIANTE: LIMONADE MIT MINZE

Für eine Limonade können Sie statt der Zitronen-Melisse frische Ananas-, Erdbeer-, Pfirsich- oder Schoko-Minze verwenden. Mit einigen frischen Fruchtstückchen (z. B. Erdbeeren, Pfirsich- oder Aprikosenspalten), die direkt vor dem Servieren ins Glas gelegt und dann mit der Limonade aufgegossen werden, wird daraus ein fruchtiger Drink. Im Verhältnis 1:1 mit Prosecco oder Sekt gemischt, ergibt die Limonade einen wunderbaren Aperitif für Gartenfeste.

Die Minze mit einem großen Messer oder einer Wiege grob hacken. Die Minzeblätter können auch zusammen mit dem Tee aufgebrüht werden, das Aroma ist dann nicht ganz so intensiv.

VARIANTE: GRÜNER EISTEE

2 gehäufte EL getrocknete Eisenkrautblätter (Verbene) und 2 EL grünen Tee mit 1 ½ l kochendem Wasser überbrühen. Zugedeckt 3 bis 4 Minuten ziehen lassen, durch ein Sieb abgießen. Dann mit 2 bis 3 EL Rohrzucker und Zitronensaft abschmecken. Abkühlen lassen und kalt stellen. Mit Zitronenachteln und zerstoßenem Eis servieren.

EARL-GREY-EISTEE

mit Minze

1. Den Tee in einem hohen Gefäß mit kochendem Wasser übergießen. 3 Minuten ziehen lassen, dann durch ein Sieb abgießen. Den Tee mit Zucker abschmecken.
2. Die Orange heiß abwaschen, halbieren, dann in feine Scheiben schneiden. In den noch heißen Tee geben. Abgedeckt abkühlen lassen, dann am besten über Nacht im Kühlschrank kalt stellen.
3. Die Minzeblätter waschen und zwischen Küchenpapier trocknen. Auf ein Küchenbrett legen und hacken. Hohe Saftgläser zur Hälfte mit zerstoßenem Eis füllen, die Minze darauf verteilen. Mit dem eiskalten Tee auffüllen und mit einem dicken Strohhalm servieren. Die Orangenscheiben ganz nach Belieben ebenfalls mit ins Glas geben.

DAS BRAUCHEN SIE (FÜR 6 BIS 8 GLÄSER)

- 3 gehäufte EL Earl-Grey-Tee oder 5 bis 6 Teebeutel
- 1 ½ l Wasser
- 2 bis 3 EL Zucker
- 1 Bio-Orange
- 1 Handvoll frische Minzeblätter
- frisch zerstoßenes Eis für die Gläser

KRÄUTERTEE – ABWECHSLUNG TUT GUT

Kräutertees schmecken lecker und haben in der Regel eine heilende Wirkung. Stark wirksame Tees können mehrfach täglich getrunken werden und das über maximal drei Wochen. Dann sollten Sie bitte die Rezeptur wechseln.

▲ Der Mixer ist das A & O. Er sollte möglichst stark sein und die Zutaten mit hoher Geschwindigkeit zerkleinern.

◀ Der fertige Smoothie wird in ein Glas gefüllt, mit Kräutern dekoriert und mit Strohhalm serviert.

GRÜNER SMOOTHIE

mit würzigen Kräutern

Grüne Smoothies bestehen aus süßen Früchten und kraftvollem Pflanzengrün wie Salat oder Spinat, Kräutern und sauberem Wasser. Sie sind sehr gesund, da gerade das Pflanzengrün besonders viel Vitamine, Mineralstoffe und sekundäre Pflanzenstoffe enthält. Außerdem unterstützen grüne Smoothies so manche Diät.

DAS BRAUCHEN SIE

- 1 Apfel, Birne oder Mango
- 1 Banane
- 3 kleine Zweige Rosmarin oder Thymian
- 1 Handvoll Spinat
- ½ TL Speiseöl
- 100 ml Apfelsaft
- 100 ml Wasser

1. Früchte waschen, bei Bedarf schälen und kleinschneiden. Spinat und Kräuter ebenfalls waschen und zerkleinern.
2. Obst und Spinat am besten im Hochleistungsmixer pürieren, sonst wird der Smoothie leicht faserig. Öl, Apfelsaft und Wasser dazugeben.
3. Falls der Smoothie zu dickflüssig ist, noch etwas Wasser untermixen.

VARIANTE: ERDBEER-SMOOTHIE

Für einen Erdbeer-Smoothie 350 g Erdbeeren waschen, zusammen mit einer Banane pürieren, 500 ml Fruchtsaft und 1 EL Honig zugeben und kleingeschnittene Minze, Zitronenverbene oder Zitronen-Melisse untermischen. Einen Zweig zur Deko obenauf legen. Je nach Geschmack können statt Fruchtsaft auch Wasser, Joghurt oder Milch zugegeben werden. Wer es saurer mag, kann Zitronensaft ergänzen.

Die Melisse auf ein Küchenbrett legen, mit einem scharfen Messer in ca. 2 Finger breite Stücke schneiden. So vergrößert sich die Oberfläche der Kräuter und der Aufguss wird intensiver, als wenn man die ganzen Blätter im Wasser ziehen lässt.

FRUCHTIGE VARIANTE MIT PROSECCO

Statt mit Mineralwasser kann man die Bowle auch mit gut gekühltem Prosecco aufgießen. Geben Sie kurz vor dem Servieren eine gute Handvoll kleine Melonenkugeln oder -würfel und Rote oder Schwarze Johannisbeeren in die Bowle. Stellt man die Beeren vorher ca. 2 Stunden in den Gefrierschrank, kühlen sie zusätzlich.

KRÄUTERBOWLE

mit Melisse

1. Die Zitronen-Melisse waschen und gut trocken schütteln. Eine kleine Handvoll Blättchen abzupfen und für die Garnitur beiseitestellen.
2. Die Melisse grob zerkleinern, anschließend in eine hohe Kanne geben und mit 1 l kochendem Wasser übergießen. Abdecken und 15 Minuten ziehen lassen.
3. Den Sud durch ein Sieb abgießen, sodass die Blätter zurückbleiben. Den Sud auffangen und mit Zucker nach Belieben süßen. Abkühlen lassen und anschließend kalt stellen.
4. Die Zitrone abwaschen und in feine Spalten schneiden. Mit dem Melissensud in ein Bowlengefäß geben. Mit Mineralwasser auffüllen, die Eiswürfel dazugeben und die zurückbehaltenen Melisseblättchen darüberstreuen. Sofort servieren.

DAS BRAUCHEN SIE (FÜR 6 BIS 8 GLÄSER À 250 ML)

- 2 große Bund Zitronen-Melisse
- 1 l Wasser
- ca. 2 EL Zucker
- 1 Bio-Zitrone
- 1 Flasche gut gekühltes Mineralwasser mit Kohlensäure (750 ml)
- 6 bis 8 Eiswürfel

HUGO – DAS GETRÄNK FÜR HEISSE TAGE

Hugo ist ein super erfrischendes Sommergetränk. Es besteht aus 200 ml Prosecco, 1 bis 2 EL Holunderblütensirup, dem Saft einer halben Limette, 2 Stängeln frischer Minze und Eis.

Petersilien
Wein

WEISSWEIN

mit Estragon

Schon von den Römern sind Kräuterweinrezepte überliefert. Sie sind in vielen alten Wein- und Medizinbüchern beschrieben und wurden zur inneren, aber auch äußeren Anwendung empfohlen. Im Handel sind Kräuterweine heute selten zu finden, doch einen Kräuterwein selbst herzustellen, ist nicht schwer. Meist wird für die Herstellung von Kräuterweinen Weißwein verwendet.

DAS BRAUCHEN SIE

- 1 l trockener Weißwein
- 100 g frische Estragonblätter oder -triebe

1. Frische Kräuter waschen, trocken tupfen und dem Wein zusetzen und abgedeckt ziehen lassen.
2. Nach etwa einer Woche werden die Kräuter filtriert, fertig ist der Kräuterwein.
3. Der Wein nimmt die Aromen und Wirkstoffe der Kräuter auf und kann zu vielerlei Zwecken verwendet werden. Estragon-Wein wirkt appetitanregend, harntreibend und verdauungsfördernd und hilft außerdem bei Erkältungen: dreimal täglich ein Likörglas zum Essen einnehmen.

KRÄUTERSCHNÄPSE

Kräuterschnäpse sind als Heilmittel bekannter als Würzweine. Zum Ansatz wird hochprozentiger Alkohol wie Wodka oder Doppelkorn verwendet. Der Schnaps wird am besten mit getrockneten Kräutern angesetzt und bleibt vier Wochen stehen. Pro 700 ml Schnaps werden zum Beispiel je 1 TL Salbei- und Minzeblätter sowie 1 TL Fenchel-, Kümmel-, Anis- und ½ TL Koriandersamen benötigt.

Kräutersalz kann mit ganz unterschiedlichen Kräutern angesetzt werden und ist eine wahre Delikatesse für die verschiedensten Speisen. Kräutersalz ist viele Jahre haltbar.

TIEFENSALZ

Das Salz wird aus tief liegenden Natursolen gewonnen, ist so keinen Umwelteinflüssen ausgesetzt und hat einen unverfälschten Gehalt an Mineralstoffen und Spurenelementen.

KRÄUTERSALZ

selbst gemacht

Kräutersalz ist eine wunderbare Konservierungsmethode für aromatische Kräuter. Es lässt sich einfach herstellen und ist bei trockener Lagerung sehr lange haltbar. Für die Herstellung von Salz sollten die Kräuter zur richtigen Zeit geerntet und anschließend gut getrocknet werden.

1. Zwei Teile getrocknete Kräuter werden mit einem Teil Salz gemischt. Dabei bleibt es Ihrem Geschmack überlassen, ob Sie ein bestimmtes Kraut oder eine Kräutermischung verwenden möchten.
2. Die Mischung in kleinen Mengen in den Mörser geben, etwas zerstoßen und gut mischen.
3. Das fertige Kräutersalz wird in Gläser mit Schraubverschluss oder in Kunststoffboxen abgefüllt und sollte dunkel und trocken gelagert werden. Das Salz nimmt die Aromen der Kräuter auf und ist ein tolles Gewürz für Eintöpfe, Salate, Fisch- und Fleischgerichte oder Gemüse.

DAS BRAUCHEN SIE

- 2 Teile getrocknete Kräuter, z. B. Estragon, Liebstöckel, Oregano, Petersilie, Rosmarin, Salbei, Sellerieblätter, Thymian, Ysop
- 1 Teil grobes Salz für die Mühle (Meersalz oder Tiefensalz)

KRÄUTERZUCKER DESSERTS

Getrocknete Lavendelblüten oder fein gerebelte Minzeblätter mit weißem Zucker in ein Glas schichten und trocken stehen lassen. Schmeckt gut zu Obstsalat, Pfannkuchen, Eis, Milchshakes und vielem mehr.

▲ Saubere Flaschen mit Essig und frischen Estragonzweigen füllen und anschließend gut verkorken.

▶ Die beschriftete Flasche sieht toll aus. Der Essig schmeckt gut zu bunten Salaten.

KRÄUTERÖL FÜR DEN GENIESSER

Für ein Kräuteröl benötigen Sie ein hochwertiges Speiseöl und würzige Kräuter wie Rosmarin, Oregano, Thymian oder Majoran. Kräuteröl wird genau wie Essig angesetzt. Für lange Haltbarkeit werden nur trockene Kräuter verwendet. Wird das Aroma nicht intensiv genug, kann ein neuer Ansatz erfolgen.

KRÄUTERESSIG

für die kreative Küche

1. Die Kräuter sammeln, wenn sie gesund und aromatisch sind.
2. Alle Pflanzenteile vorsichtig waschen, trockentupfen und anschließend in saubere, trockene Glasflaschen geben.
3. Sind die Flaschen zu etwa einem Drittel mit Kräutern gefüllt, werden sie mit Essig aufgefüllt und anschließend gut verschlossen.
4. Die Mischung bleibt etwa drei Wochen bei Zimmertemperatur ohne direkte Sonneneinstrahlung stehen und wird dann durch ein feines Sieb filtriert.
5. Der Essig wird erneut in saubere Flaschen abgefüllt und kühl und dunkel aufbewahrt. So ist er fast unbegrenzt haltbar.
6. Zur Dekoration können Sie später einen trockenen Zweig, zum Beispiel von Rosmarin oder Thymian, in die Flasche geben.

DAS BRAUCHEN SIE

- 3 bis 4 EL Blätter, Blüten und/oder Früchte von Estragon, Thymian, Basilikum oder Dill
- 1 Glasflasche (1 l)
- 1 l guter Wein- oder Obstessig
- Für Schärfe: 1 Chili oder 1 Knoblauchzehe
- Für rote Färbung: 1 EL Himbeeren, Brombeeren oder Salbeiblüten

SALATSAUCE MIT KRÄUTERN

Für eine Kräuter-Salatsauce benötigen Sie 3 EL Joghurt, je 1 EL Essig und Öl, je ½ TL Zucker und Salz, 1 EL Kräuter, frisch oder getrocknet und etwas Pfeffer. Bei Bedarf kann eine fein gehackte Knoblauchzehe oder Zwiebel dazugegeben werden. Das Ganze wird gut verrührt und frisch serviert.

▸ Zum Formen die Teigstücke einfach frei zwischen den Handflächen rollen, bis sie dünn geformt sind. Wenn sie ein wenig ungleichmäßig sind, macht das gar nichts.

▾ Die handgerollten dünnen Brotstangen schmecken am besten frisch aus dem Ofen, solange sie noch lauwarm sind.

GRISSINI

mit Blattkräutern

1. Das Mehl in eine Schüssel füllen und eine Mulde hineindrücken. Die Hefe hineinbröckeln bzw. einstreuen. 1 guten TL Salz auf den Mehlrand streuen. In die Mulde 300 ml lauwarmes Wasser gießen, mit der Hefe und ein wenig Mehl verrühren. Das Olivenöl darübergeben.
2. Von den Blättern die Stielenden entfernen, die Blätter lauwarm waschen und sehr gut trocken schütteln. Blätter sehr fein schneiden und zum Mehl geben.
3. Die Hefemischung mit dem Mehl und den Blättern gründlich vermischen und am besten mit den Händen so lange kneten, bis der Teig nicht mehr klebt und die Schüssel ganz sauber ist. Den Teig zu einer Kugel formen, mit Frischhaltefolie abdecken und an einem warmen Platz etwa 2 Stunden gehen lassen, bis er sein Volumen verdoppelt hat.
4. Die Arbeitsfläche dünn mit Mehl bestreuen, den Teig darauf stürzen und noch einmal kräftig durchkneten. Etwa golfballgroße Stücke abreißen und mit den Händen zu langen, knapp kleinfingerdicken Stangen rollen.
5. Den Backofen auf 220 °C (Umluft 200 °C) vorheizen. Ein Backblech mit Backpapier auslegen und die Teigstangen mit etwas Abstand darauflegen. Mit einem leicht feuchten Tuch abdecken und noch etwa 15 Minuten gehen lassen. Dann im heißen Ofen (Mitte) etwa 20 Minuten backen, bis sie nussbraun und knusprig sind. Auf ein Kuchengitter heben und etwas abkühlen lassen. Frisch servieren.

DAS BRAUCHEN SIE (FÜR 32 STÜCK)

- 500 g Mehl Type 550 + Mehl zum Arbeiten
- ½ Würfel Hefe (20 g; ersatzweise ½ Tütchen Trockenhefe)
- Salz
- 300 ml Wasser
- 2 EL Olivenöl
- 1 Handvoll zarte Löwenzahn- oder Rucolablätter

KRÄUTERBUTTER SCHNELL ANGERÜHRT

Frische Kräuterbutter ist lecker und schmeckt nicht nur zu gegrilltem Fleisch. Die Butter wird etwas angewärmt, cremig gerührt und mit etwa der gleichen Menge fein gehackter frischer Kräuter wie Bärlauch, Basilikum, Petersilie, Schnittlauch oder Thymian vermengt.

▸ Kräuter im Mörser pürieren und mit Parmesan, Pinienkernen, etwas Öl und Gewürzen vermischen.

▾ Das Pesto cremig rühren und zu Pasta oder Ciabatta servieren.

KRÄUTERPESTO

wie in Italien

Ein Pesto aus frischen Kräutern auf Pasta ist immer ein großartiges Gericht. Es ist schnell zubereitet, schmeckt lecker und ist gesund. Zur Herstellung von Pesto können Sie viele Kräuter verwenden: Je nach Jahreszeit können Sie frische Frühlings- oder Sommerkräuter sammeln oder aus Ihrem Kräutertopf ernten.

DAS BRAUCHEN SIE

- 250 g Kräutern
- 150 g Parmesan
- 150 g Pinienkerne oder andere Nüsse
- 500 ml Olivenöl
- Salz und Pfeffer
- etwas Zitronensaft

1. Die Kräuter waschen und ohne Stiele zerkleinern.
2. Parmesan fein reiben.
3. Die Pinienkerne fein hacken und dann roh oder vorsichtig geröstet mit den Kräutern und dem Parmesan in einer Schüssel oder einem Mixer pürieren.
4. Beim Pürieren wird nach und nach das Olivenöl zugegeben, bis eine cremige Paste entsteht.
5. Abgeschmeckt wird mit ein wenig Salz, Pfeffer und eventuell etwas Zitronensaft. Knoblauchfans können auch noch etwas Knoblauch pressen und untermischen.
6. Das Pesto wird am besten sofort verzehrt – oder in verschließbare Gläser gefüllt. Es ist im Kühlschrank mehrere Tage haltbar, wenn es mit einer dünnen Schicht Olivenöl bedeckt wird.

DAS PASST DAZU

Pesto schmeckt lecker zu Pasta oder einfach als Brotaufstrich. Außerdem ist es ein schmackhafter Fleischdip und passt sehr gut zu Tomaten. Oder haben Sie es schon mal als Gewürz ausprobiert? Eine Sauce oder ein Dressing, gewürzt mit Pesto, ist ein wahrer Traum.

▲ Die gewaschenen, frischen Kräuter abrebeln und auf dem Brett gut durchmischen. Anschließend mit dem Wiegemesser hacken, bis sie die gewünschte Konsistenz haben.

◄ Die Kräuter in einen Topf mit angedünsteten Zwiebeln geben und mit Gemüsebrühe erhitzen.

▼ Die Suppe mit Salz, Pfeffer und Muskat abschmecken, mit Sahne verfeinern und heiß servieren.

KRÄUTERSUPPEN

gesundes Grün

1. Alle Kräuter verlesen, gut waschen und in einem Sieb abtropfen lassen. Anschließend fein hacken.
2. Die Frühlingszwiebeln putzen und in feine Scheiben schneiden.
3. In einem Topf die Butter zerlassen und die Zwiebelscheiben darin andünsten. Sind die Zwiebeln fertig, werden die Kräuter und kurz darauf auch die Gemüsebrühe dazugegeben.
4. Das Ganze muss einmal kurz aufkochen und wird anschließend mit Salz, Pfeffer und etwas frischem Muskat abgeschmeckt.
5. Als Letztes kommt etwas Sahne in die Suppe. Diese wird noch einmal kurz erwärmt und auf die Teller verteilt. Wer mag, kann noch etwas gehacktes, hart gekochtes Ei hinzugeben.

DIE NEUN-KRÄUTER-SUPPE

Die Suppe wird im zeitigen Frühjahr gekocht, wenn die ersten Kräuter sprießen. Sie ist gesund und lecker und ihr werden heilende Kräfte nachgesagt. Alte Rezepturen unterscheiden sich etwas: Sie enthalten immer Wildkräuter aus der jeweiligen Region.

DAS BRAUCHEN SIE (FÜR 4 PERSONEN)

- 2 Bund frische Kräuter, z. B. Beifuß, Bohnenkraut, Borretsch, Dill, Estragon, Kerbel, Knoblauch, Liebstöckel, Majoran, Petersilie, Sauerampfer, Schnittlauch oder Thymian
- 1 bis 2 Bund Frühlingszwiebeln oder 2 große Zwiebeln
- etwas Butter
- 3 bis 4 EL Gemüsebrühe
- etwas Salz, Pfeffer und Muskat
- ½ bis 1 Becher Sahne

Der roh marinierte Lachs wird in Skandinavien zu Toast oder mit heißen Kartoffeln und heller Sauce als Mittagessen serviert.

GUTES WERKZEUG!

Zum Aufschneiden benötigt man ein langes, sehr scharfes Messer, mit dem sich das Fischfleisch schneiden lässt, ohne dass es zerfasert. Das Messer ganz flach ansetzen und vom dünneren zum dickeren Teil der Filets hin dünne Scheiben abschneiden.

GEBEIZTER LACHS

mit Dill und Fenchel

1. Die Lachsfilets mit Küchenpapier trocken tupfen. Fettreste und eventuell vorhandene Gräten entfernen. Den Dill und das Fenchelgrün waschen, gut trocken schütteln und mitsamt den Stängeln grob zerschneiden.
2. Die Wacholderbeeren im Mörser mit 1 Prise Salz zerdrücken, dann mit dem übrigen Salz und dem Zucker vermischen. Beide Lachsfilets mit dieser Würzmischung rundum bestreuen, die Gewürze dabei etwas andrücken. Die Kräuter auf ein Filet verteilen und das zweite passend darauflegen. Das Filetpaket in einen Frischhaltebeutel legen und diesen fest verschließen, dabei die Luft aus dem Beutel drücken. Den Beutel ins Gemüsefach des Kühlschranks legen und mit einem flachen Teller beschweren. Den Lachs etwa 2 Tage marinieren, dabei ab und zu den Beutel umdrehen.
3. Zum Servieren die Lachsfilets aus dem Beutel nehmen und die Gewürze mit der Hand abstreifen. Die Filets mit Küchenpapier trocken tupfen und auf ein Brett legen. Mit einem sehr scharfen Messer in dünne Scheiben schneiden, auf Tellern anrichten, mit Dillstängeln und Zitronenachteln garnieren. Dazu Toast oder heiße Pellkartoffeln servieren.

DAS BRAUCHEN SIE (FÜR 4 PORTIONEN)

- 2 gleich große, ganz frische Lachsfilets ohne Haut (à 250 g)
- 2 Handvoll Dillstängel
- 2 bis 3 Stängel Gewürz-Fenchelgrün
- 1 TL Wacholderbeeren
- 2 EL grobes Meersalz
- 2 EL brauner Rohrzucker
- Dillstängel und Zitronenachtel zum Garnieren

SCHWEDISCHE VARIANTE

In Schweden wird zum „gravad lax" eine süßsaure Senfsauce gereicht: 100 g süßen, dunklen Hausmacher-Senf mit 1 Handvoll fein geschnittenem Dill, 4 EL Zitronensaft und etwas frisch geriebenem Meerrettich verrühren, mit Salz und Pfeffer abschmecken.

NICHT ZU LANGE IM OFEN LASSEN!

Die Förmchen nicht zu lange im Ofen lassen, sonst zerläuft der Schafskäse und die Kräuter werden zu dunkel. Sobald das Olivenöl Blasen wirft und die Schalotten etwas braun sind, gleich aus dem Ofen nehmen und auf hitzefesten Tellern auftragen.

SCHAFSKÄSE

mit Kräutern der Provence

1. Den Backofen auf 225 °C (Umluft: 200 °C) vorheizen. Den Schafskäse in vier rechteckige Stücke teilen, eventuell kurz kalt abspülen oder, falls nötig, entsalzen und mit Küchenpapier trocken tupfen. Die Kräuter waschen und trocken schütteln, die Blättchen abzupfen und fein hacken. Die Schalotten und den Knoblauch schälen und in ganz dünne Scheiben schneiden. Die Tomaten waschen und ohne Stielansätze in Scheiben schneiden. Die Peperoni abtropfen lassen.
2. Die ofenfesten Förmchen mit ein wenig Olivenöl ausstreichen und die Schafskäsestücke hineinlegen. Die Peperoni und die Oliven darum herum verteilen. Die Tomatenscheiben dachziegelartig auf die Käsestücke schichten und mit Knoblauch- und Schalottenscheiben belegen. Sparsam mit Salz, kräftig mit Pfeffer bestreuen.
3. Die gehackten Kräuter und die Lavendelblüten darüberstreuen und das Ganze mit dem restlichen Olivenöl beträufeln. Die Förmchen in den heißen Ofen (Mitte) stellen und das Ganze etwa 12 Minuten backen, bis das Öl schön brutzelt und die Schalotten leicht bräunen. Heiß in den Förmchen servieren.

Wer keine Förmchen hat, nimmt vier Stücke Alufolie (ca. 30 × 30 cm groß) und bestreicht sie mit etwas Öl. Schafskäse und die übrigen Zutaten wie beschrieben aufeinanderschichten, die Folien verschließen und das Ganze im Ofen etwa 15 Minuten backen. Die Päckchen erst am Tisch öffnen.

DAS BRAUCHEN SIE (FÜR 4 PORTIONEN)

- 400 g Feta (Schafskäse)
- 1 Handvoll frische Kräuter (Petersilie, Basilikum, Rosmarin, Thymian, Bergbohnenkraut, Salbei, Estragon)
- 2 Schalotten
- 3 bis 4 Knoblauchzehen
- 2 reife Tomaten
- 4 sauer eingelegte, grüne Peperoni (Glas)
- 6 EL Olivenöl
- 50 g schwarze Oliven (ohne Stein)
- Salz, Pfeffer aus der Mühle
- ein paar Lavendelblüten

VORHER PROBIEREN!

Schafskäse kann mildwürzig oder sehr salzig sein. Sollte er sehr scharf schmecken, vorher zum Entsalzen 20 bis 30 Minuten in eiskaltes Wasser legen (in warmem Wasser würde er weich werden).

▸ Die Grüne Sauce schmeckt am besten, wenn sie mit knackigen, ganz frisch gernteten Kräutern zubereitet wird.

▾ Hart gekochte Eiern würfeln und unterrühren oder einfach halbieren und mit der Sauce servieren.

FRANKFURTER GRÜNE SAUCE

die grünen 7

Bei uns gilt die Frankfurter Grüne Sauce als eine Delikatesse aus Kräutern. Sie ist in ganz Hessen bekannt und wird traditionell von Gründonnerstag an serviert. Ganz besonders wichtig sind die hart gekochten Eier. Die Grünen Sieben sind die Basis der Grünen Sauce: Sie schmecken am besten frisch aus dem Garten.

1. Die Kräuter verlesen, waschen und in einem Sieb abtropfen lassen.
2. Die abgetrockneten Kräuter und die Zwiebeln fein hacken und zusammen in eine Schüssel geben.
3. Anschließend werden Kräuter und Zwiebeln mit Essig und Öl, Schmand und Joghurt verrührt.
4. Zum Schluss wird die Schüssel zugedeckt. Die Sauce sollte wenigstens eine Stunde ziehen.
5. In der Zwischenzeit die Eier hart kochen, halbieren oder fein würfeln.
6. Die Sauce mit Salz, Pfeffer und eventuell etwas Zucker abschmecken. Die Eier auf der Sauce anrichten oder daruntermischen.

DAS BRAUCHEN SIE (FÜR 4 PERSONEN)

- 300 g gemischte Kräuter: Borretsch, Petersilie, Kresse, Schnittlauch, Kerbel, Pimpinelle und Sauerampfer
- 2 Zwiebeln
- 2 EL Essig
- 2 EL Öl
- 250 ml Schmand
- 150 g Joghurt
- 4 Eier
- Salz, Pfeffer
- Zucker

REGIONALE HAUSMANNSKOST

Die Grüne Sauce wird mit frischen Kräutern zubereitet und ist in unterschiedlichen Varianten in zahlreichen Ländern bekannt. Bei uns ist die Frankfurter Grüne Saue sehr beliebt und wird zu Pellkartoffeln (traditionell), Tafelspitz, Braten oder Fisch gegessen

OHNE KLÜMPCHEN

Beim Pfannkuchenteig immer zuerst das Mehl nach und nach mit der Milch verrühren, bis ein ganz glatter Teig entstanden ist. Erst dann die Eier untermischen, so bekommt man keine Mehlklümpchen.

▸ Für dünne Pfannkuchen die Pfanne nach jedem Pfannkuchen etwas abkühlen lassen, damit der Teig beim Eingießen nicht sofort stockt, sondern sich durch Schwenken dünn über den ganzen Pfannenboden verteilen lässt.

▾ In Italien werden die Pfannkuchen Crespelle genannt und nicht nur kalt gegessen, sondern auch gefüllt und überbacken.

PFANNKUCHEN

mit Ricotta-Kräuterfüllung

DAS BRAUCHEN SIE (FÜR 4 PORTIONEN)

- 200 g Mehl
- 350 ml Milch
- etwas Salz
- 2 Eier
- 1 Bund Basilikum
- 1 Handvoll Kapuzinerkresseblätter
- 500 g Ricotta (ersatzweise Magerquark)
- 75 g frisch geriebener Parmesan
- Pfeffer aus der Mühle
- ca. 4 EL Butter zum Braten
- 200 g Kirschtomaten
- ½ Salatgurke
- Kapuzinerkresseblüten zum Garnieren

1. Für die Pfannkuchen das Mehl in eine Schüssel geben, eine Mulde eindrücken und die Milch hineingießen. Mit dem Schneebesen die Milch nach und nach mit dem Mehl verrühren, bis ein glatter, flüssiger Teig entstanden ist. Salzen und die Eier untermischen. Den Teig beiseitestellen und etwa 15 Minuten quellen lassen.
2. Für die Füllung die Kräuter abreiben bzw. waschen und trocken schütteln. Die Basilikumspitzen zum Garnieren beiseitelegen, die übrigen Kräuterblätter fein zerschneiden. Den Ricotta mit dem Parmesan vermischen, die Kräuter unterrühren und die Kräutercreme mit Salz und Pfeffer abschmecken.
3. In einer Pfanne etwas Butter erhitzen, aus jeweils einer Schöpfkelle Teig ganz dünne, helle Pfannkuchen backen. Zum Umdrehen einen breiten Pfannenwender nehmen. Die fertigen Pfannkuchen aufeinanderstapeln und abkühlen lassen.
4. Jeweils einen kalten Pfannkuchen mit etwas Kräutercreme bestreichen und aufrollen. Die Rollen schräg in etwa 4 cm lange Stücke schneiden und auf einer Platte anrichten. Die Tomaten und die Salatgurke waschen, die Tomaten ganz lassen, das Gurkenstück streifig schälen und in Scheiben schneiden. Rund um die Pfannkuchenrollen verteilen, mit Basilikumspitzen und Kapuzinerkresseblüten garnieren.

SO SCHMECKT'S AUCH

Statt Basilikum und Kresse einen Bund möglichst kleinblättrigen Rucola fein schneiden und mit einer gehäuteten und entkernten, ganz klein gewürfelten Tomate unter die Ricottacreme rühren.

FÜRS SCHNELLE BRATEN

Das Gemüse sollte so geschnitten werden, dass die unterschiedlichen Sorten zur gleichen Zeit gar sind. Die härteren Möhren also kleiner schneiden als die weichen Zucchini.

Beim Garen im Wok sollte das Gemüse ständig – am besten mit der Wokschaufel – gewendet werden, damit es rundum bissfest gart, aber nicht anbrennt.

WOKGEMÜSE

mit Asia-Kräutern

DAS BRAUCHEN SIE (FÜR 4 PORTIONEN)

- 500 g Brokkoli
- 400 g Zucchini
- 4 mittelgroße Möhren
- 200 g frische Shiitake-Pilze
- 1 Bund Frühlingszwiebeln
- 3 Knoblauchzehen
- 150 g Mungbohnen-sprossen
- je 6 Stängel Thai-Basili-kum und Koriandergrün
- 4 Stängel Japanische Minze
- 1 Handvoll Malvenblätter
- 1 walnussgroßes Stück Ingwer
- 400 ml Gemüsebrühe
- 4 EL Fischsauce
- je 2 EL helle Sojasauce und Limettensaft
- 2 TL Rohrzucker
- Salz, Cayennefeffer
- 2 EL Erdnussöl

1. Das Gemüse waschen und putzen. Den Brokkoli in Röschen zerteilen, die Stiele schälen und in bleistiftdicke Stifte schneiden. Die Zucchini zuerst in Scheiben und diese ebenfalls in bleistiftdicke, kurze Stifte schneiden. Die Möhren schälen, längs halbieren und die Hälften schräg in dünne Scheiben schneiden. Von den Pilzen die harten Stiele entfernen und die Hüte halbieren. Den weißen Teil der Frühlingszwiebeln schräg in Stücke schneiden. Den Knoblauch schälen und fein hacken. Die Mungbohnensprossen im Sieb heiß überbrausen und abtropfen lassen.

2. Die Kräuter und die Malvenblätter waschen und trocken schütteln. Die zarten Spitzen und die Blätter abzupfen, die harten Stängel entfernen. Den Ingwer schälen und in feine Streifen schneiden.

3. Für die Sauce die Gemüsebrühe mit Fischsauce, Sojasauce, Limettensaft und Zucker vermischen und mit Salz und Cayennepfeffer abschmecken.

4. Einen Wok oder eine große, tiefe Pfanne stark erhitzen, das Erdnussöl darin heiß werden lassen und das Gemüse, die Pilze und die Sprossen bei starker Hitze unter ständigem Rühren etwa 5 Minuten anbraten. Die Würzsauce angießen und alles weitere 3 bis 4 Minuten kochen. Die Kräuterblätter und -spitzen untermischen, nur kurz heiß werden lassen und das Gericht gleich servieren. Zum Wokgemüse passen duftender Basmatireis, ein bunter Salat und ein nicht zu herber Weißwein.

◄ Die Schnitzelchen nach dem Belegen vorsichtig mit der flachen Seite des Fleischklopfers oder mit der Klinge eines Fleischbeils gleichmäßig dünn klopfen. So bleibt der Schinken auf dem Fleisch kleben und die Schnitzel verziehen sich nicht beim Braten.

▲ Erst die Pfanne, dann das Öl darin so stark erhitzen, dass deutlich Schlieren im Öl zu sehen sind; das Öl darf aber nicht rauchen. Dann erst die Butter zugeben, aufschäumen lassen und die Schnitzel einlegen. So gelangt der Geschmack von Öl und Butter am besten ans Fleisch.

▼ Der italienische Klassiker Saltimbocca („Spring in den Mund") wird hier mit Zitronenbutter zubereitet.

SALTIMBOCCA

mit Salbei

1. Die Zitrone heiß waschen und abtrocknen. Etwa 1 TL Schale abreiben und 1 EL Saft auspressen. Den Thymian waschen, die Blättchen abzupfen und hacken. 50 g Butter in eine Schüssel geben. Die Zitronenschale, den Zitronensaft und den Thymian mit einer Gabel untermischen, beiseitestellen. Die Teller im Backofen bei 50 °C vorwärmen.
2. Die Schnitzel mit Küchenpapier trocken tupfen und quer halbieren. Die Salbeiblätter mit Küchenpapier abwischen. Die Schinkenscheiben ebenfalls quer halbieren. Die Schnitzelhälften mit jeweils einem Salbeiblatt und einem Schinkenstück belegen. Die Schnitzel vorsichtig dünn klopfen. Auf den unbelegten Seiten mit Salz und Pfeffer würzen. Rundum dünn mit Mehl bestreuen, überschüssiges Mehl abklopfen.
3. Eine große Pfanne stark erhitzen. Das Öl darin heiß werden lassen, die restlichen 25 g Butter zugeben und aufschäumen lassen. Die Schnitzel einlegen und auf jeder Seite etwa 2 Minuten braten.
4. Die Pfanne vom Herd nehmen und die Schnitzel auf die vorgewärmten Teller verteilen. Das Bratfett aus der Pfanne gießen und die Zitronenbutter darin zerlassen. Über die Schnitzel träufeln und mit Salzkartoffeln oder knusprigem Ciabattabrot servieren.

DAS BRAUCHEN SIE (FÜR 4 PORTIONEN)

- 1 Bio-Zitrone
- 1 Zweig Thymian
- 75 g weiche Butter
- 4 dünne Kalbsschnitzel (à 125 g; ersatzweise Putenschnitzel)
- 8 große, frische Salbeiblätter
- 4 dünne Scheiben Parmaschinken
- Salz und Pfeffer aus der Mühle
- 1 EL Mehl
- 2 EL Olivenöl

FRITTIERTE SALBEIBLÄTTER IN BIERTEIG

Frische Salbeiblätter werden durch Bierteig gezogen und in heißem Öl frittiert. Für 25 Salbeiblätter benötigen Sie einen Bierteig bestehend aus 125 g Mehl, 125 ml Weizenbier, 1 Ei, 1 EL Öl sowie etwas Salz und Zitrone. Die Salbeiblätter werden heiß serviert.

KÜCHENKRÄUTER

—— *Pflanzenporträts*

KRÄUTER-KLASSIKER

SCHNITTLAUCH *Allium schoenoprasum*

WUCHS: Mehrjährig, winterhart, horstig, 20 bis 30 cm hoch.

BLATT: Röhrig.

BLÜTE: Juni bis Juli, violett bis lila, halbkugelige Dolden.

STANDORT: Sonnig bis halbschattig; nahrhafte, humose Erde.

PFLEGE: Gleichmäßig feucht halten, im Frühjahr düngen, Blüten entfernen, Vermehrung durch Aussaat oder Teilung des Wurzelstocks.

ERNTE: Blätter während des ganzen Sommers. Frisch verwenden oder unter Geschmacksverlust einfrieren.

VERWENDUNG: Frisch geschnittener Schnittlauch schmeckt würzig scharf und wird zum Würzen von Rührei, Quark und Salaten oder als Garnierung verwendet. Schnittlauch wirkt appetitanregend, verdauungsfördernd und harntreibend. Die Blüten sind auch essbar.

BÄRLAUCH *Allium ursinum*

WUCHS: Mehrjährig, horstig, 20 bis 30 cm hoch.

BLATT: Lanzettlich, ganzrandig, nach Knoblauch duftend.

BLÜTE: Mai bis Juni, weiß, halbkugelige Dolden, nach Knoblauch duftend.

STANDORT: Halbschattig bis schattig; nahrhafte, humose Erde.

PFLEGE: Im Sommer wenig gießen, nicht düngen, Vermehrung durch Aussaat im Sommer (Frostkeimer!), Zwiebelteilung nach der Blüte.

ERNTE: Blätter im Frühjahr vor der Blüte, Blütenknospen, Blüten, Zwiebeln im Sommer.

VERWENDUNG: Die Blätter schmecken nach Knoblauch und werden zum Würzen von Salaten und Gemüse sowie zur Herstellung von Pesto verwendet. Knospen in Salz und Essig einlegen als Kapernersatz. Bärlauch wirkt blutreinigend und entzündungshemmend.

DILL, GURKENKRAUT *Anethum graveolens*

WUCHS: Einjährig, aufrecht, 20 bis 40 cm hoch.

BLATT: Fein gefiedert.

BLÜTE: Juni bis August; gelbe, große, gewölbte Doppeldolden.

STANDORT: Sonnig; nahrhafte, humose Erde.

PFLEGE: Gleichmäßig feucht halten, wenig düngen. Erste Aussaat im April, Folgeaussaaten sind bis August möglich.

ERNTE: Laufend frische Blätter und Blüten, Dolden erst kurz vor der vollständigen Reife der Samen.

VERWENDUNG: Die aromatischen Blätter und Blüten werden frisch oder getrocknet als Gewürz für Salate, Fisch und Saucen verwendet. Die Samen würzen Gurken oder Kräuteressig. Dill wirkt verdauungsfördernd und krampflösend. Ein Tee aus Dillsamen wird bei Blähungen, Magenkrämpfen und zur Milchförderung eingesetzt.

GARTEN-KERBEL, SUPPENKRAUT *Anthriscus cerefolium* ssp. *cerefolium*

WUCHS: Einjährig, aufrecht, 30 bis 60 cm hoch.

BLATT: Mehrfach gefiedert.

BLÜTE: Mai bis August, weiße Dolden.

STANDORT: Halbschattig; lockere, nahrhafte Erde verwenden.

PFLEGE: Gleichmäßig feucht halten, gelegentlich düngen, Vermehrung durch Aussaat ab März, Folgeaussaaten bis August möglich.

ERNTE: Junge Blätter werden vor der Blüte geerntet und frisch verwendet. Für Heilzwecke das ganze blühende Kraut ernten und trocknen.

VERWENDUNG: In der Küche sind Kerbelblätter eine beliebte Beigabe zu Suppen, Saucen, Quark und Salaten. Nur frische Blätter schmecken aromatisch. Der Tee wirkt blutreinigend, harn- und schweißtreibend. Presssaft wird für Frühjahrskuren verwendet.

SCHNITT-SELLERIE, BLATT-SELLERIE *Apium graveolens* var. *secalinum*

WUCHS: Ein- bis zweijährig, 30 bis 60 cm hoch.
BLATT: Ein- bis zweifach gefiedert.
BLÜTE: Juli bis September, gelblich-weiße Dolden.
STANDORT: Sonnig bis halbschattig; nahrhafte, humose Erde.
PFLEGE: Gleichmäßig feucht halten, regelmäßig düngen. Vermehrung durch Aussaat, Voranzucht ab März, Direktaussaat ab Mai (Lichtkeimer), empfindlich gegen Spätfröste (Winterschutz).
ERNTE: Junge Blätter vor der Blüte.
VERWENDUNG: Die würzig-scharfen Blätter sind ein beliebtes Gewürz für Suppen, Saucen oder Kartoffelgerichte – frisch, getrocknet oder auch tiefgefroren. Frische, junge Blätter würzen fein gehackt Salatsaucen oder grüne Smoothies. Sellerie ist reich an Vitaminen und Mineralstoffen.

FRANZÖSISCHER ESTRAGON *Artemisia dracunculus* ssp. *dracunculus*

WUCHS: Mehrjährig, breitbuschig, bis 50 cm hoch, stark verzweigt.
BLATT: Lanzettlich.
BLÜTE: August bis September, gelbe Köpfchen, blüht allerdings bei uns selten.
STANDORT: Sonnig bis halbschattig; sandige, magere Erde.
PFLEGE: Trocken kultivieren, wenig düngen, Winterschutz unbedingt erforderlich. Vermehrung erfolgt durch Absenker oder Blattstecklinge.
ERNTE: Blätter oder Triebspitzen während des ganzen Sommers.
VERWENDUNG: Die aromatischen Blätter würzen Suppen, Salate und Saucen und werden zum Einlegen von Gurken verwendet. Estragon wirkt verdauungsfördernd, appetitanregend und harntreibend.

GEWÜRZ-FENCHEL *Foeniculum vulgare*

WUCHS: Zwei- oder mehrjährig, rosettig, Blütentriebe 80 bis 200 cm hoch, im oberen Teil verzweigt.
BLATT: Sehr fein gefiedert.
BLÜTE: Juli bis September, gelbe Dolden.
STANDORT: Sonnig; nahrhafte, humose Erde.
PFLEGE: Während des Wachstums feucht halten und regelmäßig düngen. Vermehrung durch Aussaat im Frühjahr. Großer Platzbedarf, daher einzeln topfen.
ERNTE: Einzelne junge Blätter laufend ernten. Die Früchte reifen im Spätsommer.
VERWENDUNG: Die kräftig-würzigen Blätter passen gut zu Salaten, Fisch und Saucen. Fenchelfrüchte wirken blähungstreibend und sind ein beliebtes Gewürz von Backwaren und Likören und auch Bestandteil von Arzneitees oder Teemischungen gegen Husten oder Blähungen.

TÜPFEL-JOHANNISKRAUT *Hypericum perforatum*

WUCHS: Mehrjährig, Blütentriebe bis 90 cm hoch, im oberen Bereich verzweigt, Ausläufer treibend.
BLATT: Linealisch bis eiförmig, durchscheinend punktiert.
BLÜTE: Juni bis September, goldgelbe Trugdolden.
STANDORT: Sonnig; nahrhafte, lockere Erde.
PFLEGE: Kann etwas trockener gehalten werden. Vermehrung durch Aussaat im Frühjahr, Vorziehen unter Glas ist sinnvoll.
ERNTE: Im Sommer Blätter, Blüten und Triebe ernten und frisch verarbeiten oder trocknen.
VERWENDUNG: Johanniskrautöl ist ein Auszug aus frischen Blüten, das als Wundheilmittel genutzt wird. Das blühende Kraut wirkt als Tee bei Unruhe und bei leichten Depressionen. Achtung, Berührung bei extremer Sonnenstrahlung führt zu Verbrennungen.

GARTENKRESSE *Lepidium sativum*

WUCHS: Einjährig, aufrecht, 30 bis 50 cm hoch.
BLATT: Grundblätter fiederteilig, obere Blätter länglich-eiförmig.
BLÜTE: Mai bis Juli, kleine, weiße Trauben.
STANDORT: Sonnig bis halbschattig; anspruchslos, wächst in jeder Kübelpflanzenerde.
PFLEGE: Kurze Kulturzeit, muss ständig nachgesät werden. Unter Glas ist ganzjährige Kultur möglich.
ERNTE: Bei Bedarf junge Blätter schneiden, stets frisch verwenden.
VERWENDUNG: Frische Kresse ist pikant, schmeckt auf Butterbrot und passt zu Salaten, Eiern und Quark.
WEITERE ART: Die verwandte ausdauernde Kresse *Lepidium latifolium* ist mehrjährig und wird 40 bis 100 cm hoch. Junge Blätter für Salate, ältere Blätter und Wurzeln als Gemüse.

ANDORN *Marrubium vulgare*

WUCHS: Mehrjährig, buschig, verzweigt, bis 60 cm hoch, filzig behaart.
BLATT: Wintergrün, eiförmig bis rundlich, runzelig.
BLÜTE: Juni bis August, weiße Scheinquirle.
STANDORT: Sonnig; durchlässige, magere Erde.
PFLEGE: Etwas trockener halten, während des Wachstums düngen. Vermehrung durch Aussaat im Frühjahr, Voranzucht sinnvoll.
ERNTE: Blätter während der gesamten Vegetationsphase; krautige, blühende Triebe im Sommer zum Trocknen.
VERWENDUNG: Die Blätter werden als Salatwürze verwendet und aromatisieren Kräuterliköre. Andorn schmeckt extrem bitter und hilft bei Appetitlosigkeit und Verdauungsbeschwerden. Tee oder Tinktur wird bei Husten und Verdauungsbeschwerden eingesetzt.

MAJORAN *Origanum majorana*

WUCHS: Bei uns einjährig, buschig, verzweigt, 50 cm hoch, flaumig behaart, teilweise rötlich überlaufen.

BLATT: Spatelförmig, ganzrandig, beiderseits flaumig behaart.

BLÜTE: Juli bis August, hellrote bis weiße Scheinähren mit graugrünen Hochblättern.

STANDORT: Sonnig; durchlässige, nahrhafte Erde.

PFLEGE: Wenig gießen, Staunässe vermeiden, regelmäßig düngen, Vermehrung durch Aussaat.

ERNTE: Frische Blätter und Triebe während der gesamten Vegetationsperiode ernten – frisch verwenden oder trocknen.

VERWENDUNG: Majoran schmeckt aromatisch und ist ein Gewürz für deftige Speisen wie Eintöpfe, Fleischgerichte und Aufläufe. Er hilft bei Appetitlosigkeit, Blähungen und Krämpfen der Verdauungsorgane.

PETERSILIE *Petroselinum crispum*

WUCHS: Zweijährig, rosettig, Blütentriebe straff aufrecht, 80 bis 120 cm hoch.

BLATT: Doppelt bis dreifach gefiedert, Blättchen eingeschnitten gezähnt, glattblättrig oder kraus.

BLÜTE: Juni bis Juli, grünlich gelbe Dolden.

STANDORT: Halbschattig; stets frische, humose, durchlässige Erde verwenden.

PFLEGE: Regelmäßig gießen und düngen, Vermehrung durch Aussaat im Frühjahr.

ERNTE: Im ersten Jahr können Blätter geerntet werden, beim Einsetzen der Blüte im zweiten Jahr werden die Blätter ungenießbar.

VERWENDUNG: Petersilie schmeckt aromatisch, wird am besten frisch verwendet und passt gut zu Quark, Salaten, Suppen, Kartoffeln und Saucen. Die Blätter verlieren beim Trocknen an Aroma, daher besser einfrieren.

SAUERAMPFER *Rumex acetosa*

WUCHS: Mehrjährig, rosettig, mit fleischigen Wurzeln, Blütenstiele straff aufrecht, 80 bis 120 cm hoch.
BLATT: Wintergrün, grundständig, elliptisch.
BLÜTE: Mai bis August; grüne, später rötliche, kleine, unscheinbare Blüten in Rispen.
STANDORT: Halbschattig bis schattig; stets frische, humose, durchlässige Erde verwenden.
PFLEGE: Häufig gießen und düngen, Fruchtstände entfernen, da er zur Selbstaussaat neigt, Vermehrung durch Aussaat von Frühjahr bis Sommer.
ERNTE: Junge Blätter und Sprossspitzen im Frühjahr.
VERWENDUNG: Die sauer schmeckenden Blätter werden frisch als Salat gegessen oder zu Frühjahrskuren verwendet. Sauerampfer wirkt appetitanregend, leberstärkend, harntreibend und blutreinigend. Wegen des hohen Gehaltes an Oxalsäure nur sparsam verwenden!

KLEINER WIESENKNOPF *Sanguisorba minor*

WUCHS: Mehrjährig, horstig, Blütenstiele locker aufrecht, 30 bis 50 cm hoch.
BLATT: Unpaarig gefiedert, Blättchen breit eiförmig, gesägt.
BLÜTE: Mai bis August, rotbraune Köpfchen.
STANDORT: Sonnig bis halbschattig; nahrhafte, saure, humose Erde verwenden.
PFLEGE: Regelmäßig gießen und düngen. Vermehrung durch Aussaat im Frühjahr oder Wurzelteilung im Herbst.
ERNTE: Blätter im Sommer, Wurzeln im Herbst.
VERWENDUNG: Das aromatische Kraut passt gut in Kräuterbutter. Es wirkt appetitanregend, verdauungsfördernd und zusammenziehend, wird daher in der Volksheilkunde zur Behandlung von Wunden, Blutungen und Durchfallerkrankungen verwendet. Ein Tee unterstützt die Verdauungsorgane und den Harnapparat.

BERG-BOHNENKRAUT *Satureja montana*

WUCHS: Mehrjährig, buschig, im unteren Bereich verholzend, 25 bis 50 cm hoch.
BLATT: Schmal lanzettlich, drüsig.
BLÜTE: Juli bis Oktober, weiße Scheinähren.
STANDORT: Sonnig; durchlässige, nahrhafte, kalkhaltige Erde verwenden.
PFLEGE: Wenig gießen, im Frühjahr kräftig düngen, Formschnitt im Frühjahr. Vermehrung erfolgt durch Aussaat (Lichtkeimer) im zeitigen Frühjahr oder durch Stecklinge im Sommer.
ERNTE: Ab dem zweiten Jahr zwei bis drei Ernteschnitte pro Sommer, kaum Aromaverlust beim Trocknen.
VERWENDUNG: Berg-Bohnenkraut ist ein beliebtes Gewürz für Bohnengerichte, Kartoffeln, Braten, Eintöpfe und deftige Salate. Das Kraut wirkt blähungstreibend und verdauungsfördernd.

GRIECHISCHER BOCKSHORNKLEE *Trigonella foenum-graecum*

WUCHS: Einjährig, aufrecht bis niederliegend, nur oben verzweigt, 30 bis 60 cm hoch.
BLATT: Dreizählig, Blättchen elliptisch, ganzrandig.
BLÜTE: Mai bis Juni, gelblich weiß.
STANDORT: Sonnig; durchlässige, magere Erde.
PFLEGE: Reichlich gießen, wenig düngen. Vermehrung durch Aussaat im Frühjahr; neigt zur Selbstaussaat, daher Früchte rechtzeitig ernten.
ERNTE: Frische Blätter im Sommer, Samen im Spätsommer.
VERWENDUNG: Junge Blätter würzen Lamm, Gemüse und Braten. Samen sind Bestandteil von Currymischungen oder werden in Hustentees und äußerlich als Mittel bei lokalen Entzündungen verwendet.
WEITERE ART: Schabzigerklee *(Trigonella caerulea)* wird in der Schweiz zur Herstellung von Käse genutzt.

MEDITERRANE KRÄUTER

CURRYSTRAUCH *Helichrysum italicum*

WUCHS: Mehrjährig, buschig, 40 bis 60 cm hoch.
BLATT: Linealisch, immergrün, silbergrau, duftend.
BLÜTE: Juli bis August, gelbe Dolden.
STANDORT: Sonnig; durchlässige, magere Erde.
PFLEGE: Wenig gießen und düngen, Rückschnitt im Frühjahr, Winterschutz erforderlich. Vermehrung durch Stecklinge.
ERNTE: Vor der Blüte junge Triebe schneiden und trocknen. Die Blütendolden werden auch für die Floristik geerntet und getrocknet.
VERWENDUNG: In der Küche wird das Kraut wegen seines intensiven Currygeschmackes als Gewürz verwendet. Es muss sparsam eingesetzt werden, um Magenreizungen zu verhindern. Das getrocknete Kraut kann als Tee bei Husten oder als Badezusatz bei empfindlicher Haut angewendet werden.

YSOP *Hyssopus officinalis*

WUCHS: Mehrjährig, dichtbuschig, 30 bis 60 cm hoch, im unteren Bereich verholzend.
BLATT: Lanzettlich, behaart, drüsig, wintergrün.
BLÜTE: Juli bis August, blaue Ähren, Insektenmagnet.
STANDORT: Sonnig; nahrhafte, kalkhaltige, durchlässige Erde verwenden.
PFLEGE: Wenig gießen, ausreichend düngen, im Frühjahr bei Bedarf bis 20 cm über dem Boden zurückschneiden, winterhart, Vermehrung erfolgt durch Aussaat im Frühjahr (Vorkultur sinnvoll) oder durch Absenker im Sommer.
ERNTE: Blätter und junge Triebe bei Bedarf ernten und frisch verwenden oder trocknen.
VERWENDUNG: Ysop schmeckt würzig-aromatisch und ist ein hervorragendes Gewürz für Fleisch, Fisch und Eintöpfe.

LORBEER *Laurus nobilis*

WUCHS: Strauch, aufrecht, verzweigt, im Topf bis 2,5 m (am Naturstandort bis 10 m) hoch.
BLATT: Immergrün, elliptisch, zugespitzt, wellig, ledrig, glänzend dunkelgrün.
BLÜTE: März bis Mai, cremeweiße Büschel, duftend.
STANDORT: Sonnig, warm; nahrhafte Erde.
PFLEGE: Reichlich wässern und düngen, Staunässe vermeiden, Rückschnitt im Herbst, hell und frostfrei überwintern, Vermehrung durch Stecklinge.
ERNTE: Blätter oder Triebspitzen bei Bedarf ernten und frisch verwenden oder trocknen.
VERWENDUNG: Die aromatischen Lorbeerblätter regen Appetit und Verdauung an und sind ein beliebtes Gewürz für Suppen, Saucen, Krautgerichte, Wild- und Fischgerichte. Vorsicht: Lorbeerlaub kann hautreizend und allergieauslösend wirken.

GEWÖHNLICHER DOST *Origanum vulgare* ssp. *vulgare*

WUCHS: Mehrjährig, dichtbuschig, bis 50 cm hoch.
BLATT: Eiförmig, ganzrandig, flaumig behaart.
BLÜTE: Juli bis September, rosa oder weiße Trugdolden, Bienenweide.
STANDORT: Sonnig, etwas geschützt; durchlässige, nahrhafte Erde.
PFLEGE: Wenig gießen und düngen, Rückschnitt im Frühjahr. Vermehrung durch Aussaat im Frühjahr oder durch Teilung des Wurzelstocks im Frühling oder Herbst.
ERNTE: Frische Blätter und Triebe während der gesamten Vegetationsperiode, zum Trocknen erst kurz vor der Blüte ernten.
VERWENDUNG: Dost ist frisch oder getrocknet ein beliebtes Gewürz für Pizza, Salate und Pasta.
WEITERE ART: Etwas empfindlicher, aber aromatischer ist der Griechische Oregano *(Origanum heracleoticum).*

ROSMARIN *Rosmarinus officinalis*

WUCHS: Strauch, dichtbuschig, im unteren Bereich verholzend, im Topf bis über 1 m hoch.

BLATT: Immergrün, linealisch, eingerollt, ledrig, unterseits graufilzig.

BLÜTE: März bis Juni, blassblaue Scheinquirle.

STANDORT: Sonnig; magere, humose, durchlässige Erde.

PFLEGE: Staunässe vermeiden, Rückschnitt im Frühjahr, hell und frostfrei überwintern. Vermehrung durch Stecklinge.

ERNTE: Bei Bedarf werden Blätter und Zweigspitzen geerntet.

VERWENDUNG: Die intensiv-würzigen Blätter passen gut zu mediterranen Suppen, Fleisch- und Fischgerichten. Rosmarinzweige sind dekorativ und gut für die Herstellung von Würzölen geeignet.

WEINRAUTE *Ruta graveolens*

WUCHS: Mehrjährig, buschig, im unteren Bereich verholzend, 40 bis 60 cm hoch.

BLATT: Zwei- bis dreifach gefiedert, Blättchen verkehrt lanzettlich, ganzrandig, blaugrau.

BLÜTE: Juni bis September, gelbe Trugdolden, Insektenweide.

STANDORT: Sonnig; durchlässige, magere Erde.

PFLEGE: Staunässe vermeiden, im Frühjahr bei Bedarf bis auf 20 cm über dem Boden zurückschneiden, Vermehrung durch Aussaat.

ERNTE: Vor der Blüte frische Blätter ernten.

VERWENDUNG: Intensives Gewürz, das nur sparsam verwendet werden darf. Es passt gut zu Salaten, Fleisch und Fisch und wird als Aroma für Kräuterlikör genutzt.

ACHTUNG: Die Pflanze wirkt phototoxisch – bei intensiver Sonnenstrahlung nicht berühren!

ECHTER SALBEI *Salvia officinalis*

WUCHS: Mehrjährig, breitbuschig, im unteren Bereich verholzend, 40 bis 60 cm hoch.
BLATT: Elliptisch, gekerbt, filzig behaart, duftend.
BLÜTE: Juni bis August, hellviolettblaue Lippenblüten.
STANDORT: Sonnig; durchlässige, kalkhaltige Erde
PFLEGE: Regelmäßig gießen und düngen, Staunässe vermeiden, Rückschnitt im Frühjahr bis 20 cm über dem Boden, Vermehrung durch Aussaat oder Stecklinge.
ERNTE: Junge Blätter oder krautige Triebspitzen vor der Blüte ernten und frisch verwenden oder trocknen.
VERWENDUNG: Das bitter-aromatische Kraut passt gut zu Fleisch- oder Pastagerichten. Salbei-Tee wirkt schweißhemmend und entzündungshemmend und wird bei Erkältungen oder Halsschmerzen zum Gurgeln sowie bei Beschwerden des Verdauungstraktes und bei Schweißausbrüchen in den Wechseljahren empfohlen.

OLIVENKRAUT *Santolina viridis*

WUCHS: Buschig, im unteren Bereich verholzend, bis 60 cm hoch.
BLATT: Immergrün, gefiedert, Blättchen nadelförmig.
BLÜTE: Juni bis August, in gelben Köpfchen stehend.
STANDORT: Sonnig; durchlässige, nahrhafte Erde.
PFLEGE: Wenig gießen und düngen, Staunässe vermeiden, frostfrei überwintern, Formschnitt im Frühjahr. Vermehrung durch Stecklinge im Sommer.
ERNTE: Blätter im Sommer ernten und frisch oder getrocknet verwenden.
VERWENDUNG: Das Aroma der frischen Olivenkrautblätter ist leicht harzig und erinnert an grüne Oliven. Das Kraut passt zu fast jedem mediterranen Gericht, wie Pasta, Fisch und Salate. In der Volksheilkunde gilt das Kraut als appetitanregend und verdauungsfördernd. Die getrockneten Blüten eignen sich gut für Potpourris.

BASILIKUM *Ocimum basilicum*

'AFRICAN BLUE'

WUCHS: Bei uns einjährig, Überwinterung bei 10 °C möglich, 60 bis 100 cm hoch. **BLATT:** Eiförmig, gesägt, grün, purpurfarben gezeichnet. **BLÜTE:** Juni bis September, rosa Scheinquirle. **STANDORT:** Sonnig bis halbschattig, warm, wind- und regengeschützt; nahrhafte, durchlässige Erde. **PFLEGE:** Gleichmäßig gießen und regelmäßig düngen, Staunässe unbedingt vermeiden, Vermehrung durch Aussaat. **ERNTE:** Junge Blätter frisch verwenden, schöne Färbung.

'BUSCH-BASILIKUM'

WUCHS: Bei uns einjährig, Überwinterung möglich, kompakt, 20 bis 40 cm hoch. **BLATT:** Klein, eiförmig, gesägt, zugespitzt, grün. **BLÜTE:** Juni bis September, weiße Scheinquirle. **STANDORT:** Sonnig bis halbschattig, warm, windgeschützt; nahrhafte, durchlässige Erde. **PFLEGE:** Anspruchslos, robust, gleichmäßig gießen und düngen, unbedingt Staunässe vermeiden, Vermehrung durch Aussaat. **ERNTE:** Junge Blätter frisch verwenden, sehr aromatisch, mehrfache Ernte möglich.

'DARK OPAL'

WUCHS: Bei uns einjährig, kompakt, 20 bis 40 cm hoch. **BLATT:** Eiförmig, groß, entfernt gesägt, zugespitzt, tief purpurfarben. **BLÜTE:** Juni bis September, rosafarbene Scheinquirle. **STANDORT:** Sonnig bis halbschattig, warm, windgeschützt; nahrhafte, durchlässige Erde. **PFLEGE:** Gleichmäßig gießen und düngen, Staunässe unbedingt vermeiden, Vermehrung durch Aussaat. **ERNTE:** Junge Blätter, herb aromatisch, perfekt für Pesto.

'GENOVESER'

WUCHS: Bei uns einjährig, kompakt, 30 bis 40 cm hoch. **BLATT:** Eiförmig, groß, gewölbt, entfernt gesägt, grün. **BLÜTE:** Juni bis September, weiße Scheinquirle. **STANDORT:** Sonnig bis halbschattig, warm, windgeschützt; nahrhafte, durchlässige Erde. **PFLEGE:** Gleichmäßig gießen und düngen, Staunässe vermeiden, Vermehrung durch Aussaat. **ERNTE:** Junge Blätter frisch verwenden, klassisches Basilikumaroma (bekannteste Basilikumsorte).

'SIAM QUEEN'

WUCHS: Bei uns einjährig, kompakt, 20 bis 40 cm hoch. **BLATT:** Eiförmig, entfernt gesägt, grün. **BLÜTE:** Juni bis September, weiße Scheinquirle. **STANDORT:** Sonnig bis halbschattig, warm, windgeschützt; nahrhafte, durchlässige Erde. **PFLEGE:** Gleichmäßig gießen und düngen, Staunässe vermeiden, Vermehrung durch Aussaat. **ERNTE:** Junge Blätter frisch verwenden, besonders für asiatische Gerichte wie grünes Curry oder Suppen geeignet.

'ZIMTBASILIKUM'

WUCHS: Bei uns einjährig, 20 bis 40 cm hoch, rote Stiele. **BLATT:** Eiförmig, entfernt gesägt, zugespitzt **BLÜTE:** Juni bis September, rosafarbene Scheinquirle. **STANDORT:** Sonnig bis halbschattig, warm, windgeschützt; nahrhafte, durchlässige Erde. **PFLEGE:** Robuste Sorte, gleichmäßig gießen und düngen, Staunässe unbedingt vermeiden, Vermehrung durch Aussaat. **ERNTE:** Junge Blätter frisch verwenden, süßes und intensives Aroma, auch für Kräutertees geeignet.

THYMIAN

ZITRONEN-THYMIAN *Thymus × citriodorus*

WUCHS: Mehrjährig, polsterbildend, 20 cm hoch, im unteren Bereich verholzend.
BLATT: Immergrün, rundlich bis eiförmig, hellgrün.
BLÜTE: Juni bis Juli, rosafarbene Ähren.
STANDORT: Sonnig; durchlässige, kalkhaltige Erde.
PFLEGE: Mäßig gießen und düngen, verblühte Blütenstände entfernen, Formschnitt im Frühjahr. Vermehrung durch Stecklinge und Ausläufer im Sommer.
ERNTE: Bei Bedarf Blätter vor der Blüte und blühende Sprossspitzen ernten. Frisch verwenden oder trocknen.
VERWENDUNG: Die verschiedenen Sorten des Zitronen-Thymians werden wegen ihres frischen, sehr feinen Aromas in der Küche gern zum Würzen von Salaten, Fischgerichten und Saucen verwendet. Zitronen-Thymian schmeckt auch lecker als Tee und passt gut als Gewürz zum Einkochen von Marmeladen und Gelees.

KÜMMEL-THYMIAN *Thymus herba-barona*

WUCHS: Niederliegend, kompakt, 15 bis 30 cm hoch. Schöner Bodendecker.
BLATT: Rundlich bis eiförmig, graugrün.
BLÜTE: Juni bis Juli, rosafarbene Ähren.
STANDORT: Sonnig; durchlässige, kalkhaltige Erde.
PFLEGE: Wenig gießen oder düngen, Rückschnitt ausschließlich im Frühjahr. Vermehrung durch Stecklinge oder Absenker im Sommer oder durch Ausläufer im Herbst.
ERNTE: Bei Bedarf Blätter vor der Blüte und blühende Sprossspitzen ernten. Frisch verwenden oder trocknen.
VERWENDUNG: Wegen seines kümmelartigen, pikanten, aromatischen Geschmackes wird das Küchenkraut für deftige Speisen, wie Suppen, Fleisch, Kartoffeln und Salate verwendet. In England wird er traditionell zum Würzen von Fleischgerichten genutzt.

KASKADEN-THYMIAN *Thymus longicaulis* ssp. *odoratus*

WUCHS: Schnell wachsend, sehr robust, kissenartig oder hängend, 15 bis 20 cm hoch. Interessante Hängepflanze für Töpfe oder Ampeln.

BLATT: Elliptisch, hellgrün.

BLÜTE: Mai bis Juni, hellviolette bis rosafarbene Ähren, Bienenweide.

STANDORT: Sonnig; durchlässige Erde.

PFLEGE: Wenig gießen oder düngen, Rückschnitt ausschließlich im Frühjahr. Vermehrung durch Stecklinge oder Absenker im Sommer oder durch Ausläufer im Herbst.

ERNTE: Bei Bedarf Blätter vor der Blüte und blühende Sprossspitzen ernten. Frisch verwenden oder trocknen.

VERWENDUNG: Kaskaden-Thymian ist wegen seines mild würzigen Aromas gut zum Würzen von Fisch, Gemüse und Salaten geeignet.

GARTEN-THYMIAN *Thymus vulgaris*

WUCHS: Mehrjährig, polsterbildend, 10 bis 40 cm hoch, im unteren Bereich verholzend.

BLATT: Immergrün, rundlich bis eiförmig, eingerollt, unterseits behaart.

BLÜTE: Juni bis September, weiße bis hellrosa Ähren.

STANDORT: Sonnig; durchlässige, kalkhaltige Erde.

PFLEGE: Wenig gießen und düngen, Rückschnitt im Frühjahr. Vermehrung durch Aussaat im Frühjahr oder durch Stecklinge im Sommer.

ERNTE: Bei Bedarf Blätter vor der Blüte und blühende Sprossspitzen ernten. Frisch verwenden oder trocknen.

VERWENDUNG: Der klassische Garten-Thymian schmeckt scharf und wird zum Würzen von Fleisch- und Kartoffelgerichten, Suppen und Saucen verwendet. Der Tee hilft bei Verdauungsbeschwerden und bei Entzündungen der oberen Luftwege.

DUFTKRÄUTER

EBERRAUTE *Artemisia abrotanum*

WUCHS: Dichtbuschig, strauchartig, bis 150 cm hoch.
BLATT: Mehrfach gefiedert, graugrün, wintergrün, nadelförmig, intensiv duftend.
BLÜTE: September bis Oktober, unscheinbar.
STANDORT: Sonnig; durchlässige, kalkhaltige Erde.
PFLEGE: Wenig gießen oder düngen, Rückschnitt erst nach mehreren Jahren erforderlich. Vermehrung durch Stecklinge oder Absenker im Sommer.
ERNTE: Junge Triebspitzen im Sommer.
VERWENDUNG: Die fast vergessene Heil- und Gewürzpflanze hat ein intensives, würzig-bitteres Aroma und wirkt verdauungsfördernd. Das Kraut passt daher gut zu Fleischgerichten und deftigen Eintöpfen. Der intensive Duft vertreibt Fliegen und Parasiten. Die Blätter werden als Tee verwendet oder zu Tinkturen verarbeitet. Nicht in der Schwangerschaft anwenden!

LAVENDEL *Lavandula angustifolia*

WUCHS: Mehrjähriger Halbstrauch, buschig, 30 bis 60 cm hoch, im unteren Bereich verholzend.
BLATT: Immergrün, länglich, eingerollt, silbrig grau.
BLÜTE: Juni bis August, blaue oder lilafarbene Ähren (Sorten in Weiß), stark duftend.
STANDORT: Sonnig; durchlässige, kalkhaltige Erde.
PFLEGE: Sparsam gießen, gelegentlich düngen, Rückschnitt im Frühjahr bei Bedarf bis auf 20 cm über dem Boden, Verblühtes entfernen für zweite Blüte im Spätsommer. Vermehrung durch Aussaat oder Absenker.
ERNTE: Junge Blätter während der gesamten Vegetationsperiode, Blütenstiele nach dem Aufblühen.
VERWENDUNG: Frische Blätter als sparsame Würze für Fischgerichte und Geflügel. Getrocknete Blüten als Tee, zum Aromatisieren von Zucker oder zur Garnierung süßer Speisen. Als Duftsäckchen gegen Insekten.

KATZENMINZE *Nepeta cataria*

WUCHS: Mehrjährig, aufrecht, lockerbuschig, 40 bis 80 cm hoch.

BLATT: Oval, grob gezähnt, lang zugespitzt, duftend.

BLÜTE: Juli bis September, weiße Scheinquirle mit purpurfarbener Zeichnung.

STANDORT: Sonnig; nahrhafte, durchlässige Erde.

PFLEGE: Regelmäßig gießen und düngen, Rückschnitt direkt über dem Boden im Herbst oder Frühjahr, Vermehrung durch Aussaat im Frühjahr oder Wurzelteilung im Herbst.

ERNTE: Junge Blätter bei Bedarf, blühendes Kraut im Sommer.

VERWENDUNG: Die frischen, aromatischen Blätter würzen Suppen und Saucen, das getrocknete Kraut hilft in Teemischungen gegen Erkältungskrankheiten und Verdauungsbeschwerden.

DUFT-PELARGONIE *Pelargonium odoratissimum*

WUCHS: Kleinstrauch, buschig, 20 bis 30 cm hoch.

BLATT: Herzförmig bis rund, gelappt, Apfelduft.

BLÜTE: Juni bis Oktober, weiß bis hellrosa, nicht duftend.

STANDORT: Sonnig; durchlässige, nahrhafte, lockere Erde.

PFLEGE: Gleichmäßig gießen und düngen, Rückschnitt im Frühjahr, hell und frostfrei überwintern. Vermehrung durch Stecklinge.

ERNTE: Blätter oder Blüten während der gesamten Vegetationsperiode ernten und frisch verwenden.

VERWENDUNG: Die nach Apfel duftenden Blätter eignen sich, sparsam verwendet, zum Aromatisieren von Fruchtsalaten oder Kräuterlimonade. Die Blüten werden als Garnierung von Desserts verwendet.

SORTEN: *P. citrosum* 'Lemon Fancy' (Zitrone), *P.* × *fragrans* (Muskat), *P. graveolens* (Rose).

SÜSSE KRÄUTER

ANISYSOP *Agastache foeniculum*

WUCHS: Mehrjährig, aufrecht bis locker buschig, 50 bis 80 cm hoch.
BLÜTE: Juli bis September, hellpurpurfarbene Ähren.
BLATT: Oval, gekerbt, drüsig punktiert, nach Anis duftend.
STANDORT: Sonnig; nahrhafte, humose Erde.
PFLEGE: Gleichmäßig gießen und düngen. Vermehrung durch Aussaat, Stecklinge oder Wurzelteilung.
ERNTE: Während des Sommers Blätter und Blüten frisch ernten. Zum Trocknen die oberirdischen Pflanzenteile kurz vor der Blüte schneiden.
VERWENDUNG: Anisysop wirkt appetitanregend und hilft bei Übelkeit und Erbrechen. Die würzig-aromatischen Blätter werden als Tee oder Gewürz genutzt. Die dekorativen Blüten sind auch essbar. Anisysop wurde früher als Bienenfutterpflanze angebaut.

ZITRONENVERBENE, ZITRONENSTRAUCH *Aloysia triphylla*

WUCHS: Strauchig, aufrecht, bis 150 cm hoch, in sehr großen Kübeln auch höher.
BLATT: Schmal-lanzettlich, zugespitzt, duftend.
BLÜTE: August, weiße Rispen, duftend.
STANDORT: Sonnig; windgeschützt, nahrhafte, humose Erde.
PFLEGE: Gleichmäßig feucht halten, regelmäßig düngen, im Frühjahr stark zurückschneiden, Formschnitt im Sommer möglich. Hell, aber frostfrei überwintern. Vermehrung durch Stecklinge.
ERNTE: Während des ganzen Sommers Blätter und Blüten ernten und frisch verwenden oder trocknen.
VERWENDUNG: Blätter und Blüten schmecken fruchtig-aromatisch und werden als Entspannungstee zubereitet oder zum Aromatisieren von Getränken, Süßspeisen und Gebäck verwendet.

BALSAMSTRAUCH *Cedronella canariensis*

WUCHS: Mehrjährig, locker buschig, bis 100 cm hoch.
BLATT: Dreilappig, gezähnt, unterseits behaart, duftend.
BLÜTE: Mai bis Juli, rosa, Lippenblüten.
STANDORT: Sonnig bis halbschattig, geschützt; nahrhafte, durchlässige Erde.
PFLEGE: Gleichmäßig feucht halten, Staunässe vermeiden, regelmäßig düngen, im Frühjahr stark zurückschneiden, Formschnitt im Sommer möglich. Hell, aber frostfrei überwintern. Vermehrung durch Stecklinge.
ERNTE: Bei Bedarf Blätter und Blüten ernten und frisch verwenden oder trocknen.
VERWENDUNG: Frische Blätter werden als würzige Beigabe zu Salaten verwendet. Balsamstrauch-Tee wirkt erfrischend, nervenberuhigend und hilft bei Schlafproblemen. Getrocknete Blätter und Blüten aromatisieren Duftsäckchen oder Potpourris.

ZITRONENGRAS *Cymbopogon citratus*

WUCHS: Mehrjährig, horstig, bis 120 cm hoch.
BLATT: Linealisch, rau, nach Zitrone duftend.
BLÜTE: Blüht als Kulturpflanze nicht.
STANDORT: Sonnig bis halbschattig, geschützt; humose, durchlässige Erde.
PFLEGE: Gleichmäßig feucht halten, Staunässe vermeiden und nicht dem Regen aussetzen, regelmäßig düngen. In temperierten Räumen hell überwintern. Vermehrung durch Wurzelteilung oder Stecklinge.
ERNTE: Bei Bedarf Blätter ernten und frisch oder getrocknet verwenden.
VERWENDUNG: Aus der asiatischen Küche ist das zitronig-aromatische schmeckende Kraut nicht wegzudenken – als Gewürz für Wok-Gerichte und Bestandteil verschiedener Currymischungen. Zitronengras-Tee ergibt einen erfrischenden Magen-Darm-Tee.

AZTEKISCHES SÜSSKRAUT *Lippia dulcis*

WUCHS: Mehrjährig, kriechend oder überhängend, 20 bis 30 cm hoch mit meterlangen Ranken, im unteren Teil verholzend,

BLATT: Eiförmig, gezähnt, klebrig behaart, dunkelgrün.

BLÜTE: Juli bis September; weiße, kleine Köpfchen, duftend.

STANDORT: Sonnig; durchlässige, magere Erde.

PFLEGE: Wenig gießen und düngen, öfter zurückschneiden, hell und kühl (bei 5 bis 10 °C) überwintern. Vermehrung ist durch Kopf- oder Teilstecklinge im zeitigen Frühjahr möglich.

ERNTE: Bei Bedarf Blätter und Blüten ernten und frisch verwenden.

VERWENDUNG: Aztekisches Süßkraut ist Süßungsmittel für Tees und Desserts. Ein Tee schmeckt leicht minzig und süß, mit leicht entspannender Wirkung.

WILDE MALVE *Malva sylvestris*

WUCHS: Zwei- oder mehrjährig, horstig, Blütenstiele 40 bis 100 cm hoch.

BLATT: Groß, fünf- bis siebenlappig, behaart.

BLÜTE: Juni bis August, schalenförmige Einzelblüten in Purpurrot mit dunklen Adern.

STANDORT: Sonnig; durchlässige, nahrhafte Erde.

PFLEGE: Regelmäßig gießen und düngen; vollständiger Rückschnitt nach der Blüte, spätestens im Herbst. Vermehrung durch Aussaat im Frühjahr.

ERNTE: Blätter im Frühjahr, Blüten im Sommer.

VERWENDUNG: Die Blüten sind essbar und eignen sich zum Färben von Speisen und zur Garnierung von Desserts und Salaten. Die Volksheilkunde nutzt Malvenblüten, seltener Malvenblätter, als Tee bei Entzündungen. Blätter und Wurzeln wirken leicht abführend und helfen bei Darmreizungen.

ZITRONEN-MELISSE *Melissa officinalis*

WUCHS: Mehrjährig, dichtbuschig, verzweigt, bis 90 cm hoch.
BLATT: Eiförmig, gleichmäßig gezähnt, duftend.
BLÜTE: Juni bis August, weiße bis rosa Lippenblüten.
STANDORT: Sonnig; durchlässige, nahrhafte Erde.
PFLEGE: Wenig düngen, bis zu drei Rückschnitte pro Jahr sind gut möglich. Vermehrung durch Aussaat oder durch Teilung des Wurzelstockes.
ERNTE: Vor der Blüte junge Blätter und Triebspitzen ernten. Ältere Blätter werden hart und schmecken etwas bitter.
VERWENDUNG: Frische Melissenblätter verfeinern den Geschmack von Salaten, Saucen, Süßspeisen und Fischgerichten. Getrocknete Blätter werden zur Zubereitung von Schlaf- und Nerventees verwendet oder Kräutertees beigemischt.

SÜSSKRAUT *Stevia rebaudiana*

WUCHS: Ein- bis mehrjährig, aufrecht buschig, 30 bis 70 cm hoch.
BLATT: Eiförmig bis elliptisch, gezähnt.
BLÜTE: September bis Oktober, achselständig, unscheinbar cremeweiß.
STANDORT: Sonnig bis halbschattig; durchlässige, nahrhafte Erde.
PFLEGE: Regelmäßig gießen und düngen, Rückschnitt nach der Blüte; Überwinterung in temperierten, hellen Räumen. Vermehrung durch Aussaat im zeitigen Frühjahr oder durch Stecklinge im Sommer.
ERNTE: Blätter frisch verwenden oder trocknen.
VERWENDUNG: Das kalorienarme Süßkraut enthält zahlreiche Vitamine und Mineralstoffe. Die extrem süßen Blätter sind natürlicher Süßstoff für Salate, Desserts und Getränke. Sparsam verwenden!

MINZEN

APFELMINZE *Mentha × rotunifolia* 'Bowles'

WUCHS: Mehrjährig, dichtbuschig, 50 bis 100 cm hoch, Blätter flaumig behaart. **BLÜTE:** Juli bis August, fliederfarben. **STANDORT:** Sonnig bis halbschattig; nahrhafte, feuchte Erde. **PFLEGE:** Regelmäßig gießen und düngen, alle ein bis zwei Jahre umtopfen, Vermehrung durch Stecklinge. **ERNTE:** Frische Blätter während des ganzen Sommers, Blätter zum Trocknen vor der Blüte, mildfruchtiger Geschmack, frisch oder getrocknet für Tee, Limonade, Cocktails und Süßspeisen.

DUNKLE SPEARMINT *Mentha spicata* 'Black Spearmint'

WUCHS: Mehrjährig,dichtbuschig, 40 bis 90 cm hoch. **BLÜTE:** Juli bis August, rosa. **STANDORT:** Sonnig bis halbschattig; nahrhafte, feuchte Erde. **PFLEGE:** Regelmäßig gießen und düngen, alle ein bis zwei Jahre umtopfen, Vermehrung durch Stecklinge. **ERNTE:** Frische Blätter während des ganzen Sommers, Blätter zum Trocknen vor der Blüte, intensiv-aromatischer Geschmack, frisch oder getrocknet als Tee oder als Beigabe zu Süßspeisen, Likören.

HEMINGWAY-MINZE *Mentha × cordifolia*

WUCHS: Dichtbuschig, 40 bis 90 cm hoch. **BLÜTE:** Juli bis August, rosa. **STANDORT:** Sonnig bis halbschattig; nahrhafte, feuchte Erde. **PFLEGE:** Regelmäßig gießen und düngen, alle ein bis zwei Jahre umtopfen, Vermehrung durch Stecklinge. **ERNTE:** Frische Blätter während des ganzen Sommers, Blätter zum Trocknen vor der Blüte, intensives Aroma, wenig Menthol, frisch oder getrocknet zur Aromatisierung von Cocktails (Mojito-Minze).

MARROKANISCHE MINZE *Mentha spicata* 'Marrokko'

WUCHS: Dichtbuschig, 40 bis 90 cm hoch. **BLÜTE:** Juli bis August, rosa. **STANDORT:** Sonnig bis halbschattig; nahrhafte, feuchte Erde. **PFLEGE:** Regelmäßig gießen und düngen, alle ein bis zwei Jahre umtopfen, Vermehrung durch Stecklinge. **ERNTE:** Frische Blätter während des ganzen Sommers, Blätter zum Trocknen vor der Blüte süßes, kühlendes, erfrischendes Aroma, frisch oder getrocknet zur Zubereitung von Desserts, Tees, Limonaden, Cocktails und Likören.

THAI-MINZE *Mentha* spec. 'Thai Bai Saranae'

WUCHS: Dichtbuschig, 30 bis 60 cm hoch, rötlich gestielt, Blätter gekräuselt. **BLÜTE:** Juli bis August, lila. **STANDORT:** Sonnig bis halbschattig; nahrhafte, feuchte Erde. **PFLEGE:** Regelmäßig gießen und düngen, alle ein bis zwei Jahre umtopfen, Vermehrung durch Stecklinge. **ERNTE:** Frische Blätter während des ganzen Sommers, Blätter zum Trocknen vor der Blüte, mentholisch-frischer Geschmack für die exotische Küche, frisch oder getrocknet für Tee, Limonade, Cocktails, Süßspeisen.

WHITE PEPPERMINT *Mentha* spec.

WUCHS: Dichtbuschig, 40 bis 80 cm hoch. **BLÜTE:** Juli bis August, rosa. **STANDORT:** Sonnig bis halbschattig; nahrhafte, feuchte Erde. **PFLEGE:** Robuste Sorte, regelmäßig gießen und düngen, alle ein bis zwei Jahre umtopfen, Vermehrung durch Stecklinge. **ERNTE:** Frische Blätter während des ganzen Sommers, Blätter zum Trocknen vor der Blüte; frisches, mentholhaltiges Aroma; frisch oder getrocknet als Tee oder Gewürz für Fleischgerichte, besonders Lamm, sowie Salate und Gemüse.

ESSBARE BLÜTEN

BORRETSCH *Borago officinalis*

WUCHS: Einjährig, straff aufrecht, verzweigt, bis 80 cm hoch, rau behaart.

BLATT: Eiförmig, beidseitig rau behaart, grün.

BLÜTE: Juni bis September; himmelblaue, selten rosafarbene oder weiße Wickel.

STANDORT: Sonnig, warm; nahrhafte, durchlässige Erde.

PFLEGE: Reichlich wässern und düngen, Vermehrung durch Aussaat von März bis Juni.

ERNTE: Junge Triebe, Blätter, Blüten während des ganzen Sommers.

VERWENDUNG: Borretschkraut sollte nur frisch und sehr sparsam (schwach giftig!) verwendet werden, es würzt Gurken, Salate, Eierspeisen und „Frankfurter Sauce“. Der Tee mit Blättern und Blüten wirkt blutreinigend, herzstärkend und schleimlösend.

RINGELBLUME *Calendula officinalis*

WUCHS: Einjährig, stark verzweigt, 20 bis 60 cm hoch.

BLATT: Länglich, behaart, blassgrün.

BLÜTE: Juni bis Oktober, gelbe oder orangefarbene Strahlenblüten.

STANDORT: Sonnig; nahrhafte, durchlässige Erde.

PFLEGE: Regelmäßig wässern und düngen, verblühte Blütenstiele entfernen, Vermehrung durch Aussaat.

ERNTE: Während des Sommers Blütenblätter und junge Blättchen.

VERWENDUNG: Ringelblumenblüten wirken wundheilend, entzündungshemmend und blutreinigend. Ringelblumensalbe wird aus Blütenblättern hergestellt und wirkt bei Entzündungen und bei Verbrennungen. Frische Blütenblätter und frische, junge Blättchen sind eine attraktive, essbare Dekoration für Salate und Reisgerichte.

GEWÜRZ-TAGETES *Tagetes tenuifolia*

WUCHS: Einjährig, kissenförmig, 20 bis 40 cm hoch.
BLATT: Gefiedert, grob gezähnt, duftend.
BLÜTE: Juni bis September, sortenabhängig leuchtend gelb, goldgelb, orange oder orangerot.
STANDORT: Sonnig bis halbschattig; nahrhafte, durchlässige Erde.
PFLEGE: Reichlich wässern und düngen, Haupttrieb früh stutzen, alte Blüten entfernen, Vermehrung durch Aussaat.
ERNTE: Bei Bedarf Blüten oder junge Blätter.
VERWENDUNG: Die Blätter werden als würziges Küchenkraut verwendet. Die Blüten sind essbar und passen dank ihrer herb-süßen Note gut zu Desserts, Gelees und Obstsalaten. Das durch Wasserdampfdestillation gewonnene ätherische Öl der Blüten ist Bestandteil von Massageölen.

KAPUZINERKRESSE *Tropaeolum majus*

WUCHS: Einjährig, buschig, niederliegend oder rankend, Triebe werden je nach Sorte bis zu 3 m lang.
BLATT: Rundlich bis schildförmig, gekerbt, hellgrün, teilweise bläulich bereift.
BLÜTE: Juli bis Oktober; gelbe, orangerote oder rote, gespornte Trichterblüten, duftend.
STANDORT: Sonnig; nahrhafte, durchlässige Erde.
PFLEGE: Gleichmäßig gießen, während des Blattwachstums reichlich düngen, Vermehrung durch Aussaat im Frühjahr nach den letzten Frösten.
ERNTE: Frische Blätter, Blüten, Blütenknospen, unreife Samen.
VERWENDUNG: Blätter und Blüten als Salatbeigabe, geschlossene Blütenknospen und unreife Samen in Essig eingelegt als Kapernersatz. In Form von Präparaten zur äußerlichen Anwendung bei Muskelschmerzen.

FRUCHT-SALVIEN

PERUANISCHER SALBEI *Salvia discolor*

WUCHS: Buschig, aufrecht, bis 80 cm hoch.
BLATT: Wintergrün, elliptisch, filzig behaart, graugrün.
BLÜTE: Mai bis Juni, schwarzviolette Lippenblüten in Rispen stehend.
STANDORT: Sonnig; durchlässige, trockene, magere Erde.
PFLEGE: Regelmäßig gießen und düngen, Töpfe hell und frostfrei überwintern, Rückschnitt im Frühjahr, Vermehrung durch Stecklinge im Sommer.
ERNTE: Blätter und Blüten im Sommer.
VERWENDUNG: Die Blätter haben ein eukalyptusähnliches Aroma und werden für Tee oder als Gewürz genutzt. Die süß schmeckenden Blüten garnieren Obstsalate und werden für Duftsträuße und Potpourris verwendet. Zum Räuchern werden getrocknete Zweige mit dem Mörser pulverisiert und auf Räucherkohle verbrannt.

FRUCHT-SALBEI *Salvia dorisiana*

WUCHS: Mehrjährig, straff aufrecht, 80 bis 150 cm hoch.
BLATT: Groß, herzförmig, zugespitzt, samtig behaart, fruchtig duftend, hellgrün.
BLÜTE: März bis April, rosarote Lippenblüten.
STANDORT: Sonnig; durchlässige, nahrhafte Erde.
PFLEGE: Regelmäßig gießen und düngen, Rückschnitt im Frühjahr, hell und frostfrei überwintern, Vermehrung durch Stecklinge im Frühjahr oder Sommer.
ERNTE: Während des ganzen Sommers können Blätter geerntet und frisch verwendet oder getrocknet werden.
VERWENDUNG: Die nach Guave und Mango duftenden Blätter schmecken mild-fruchtig und eignen sich hervorragend für die Zubereitung von Tee oder Kräuterlimonaden. Ihr Geschmack ist angenehm und macht die Getränke auch bei Kindern beliebt.

HONIGMELONEN-SALBEI *Salvia elegans*

WUCHS: Mehrjährig, breitbuschig, im unteren Bereich verholzend, 80 bis 150 cm hoch.
BLATT: Groß, eiförmig, gekerbt, hellgrün, filzig behaart, duftend.
BLÜTE: August bis November, rote Lippenblüten.
STANDORT: Sonnig bis halbschattig; durchlässige, nahrhafte Erde.
PFLEGE: Regelmäßig gießen und düngen, Rückschnitt im Frühjahr, hell und frostfrei überwintern, Vermehrung durch Stecklinge im Frühjahr oder Sommer.
ERNTE: Blätter und Blüten bei Bedarf ernten und frisch verwenden oder trocknen.
VERWENDUNG: Der süß schmeckende Honigmelonen-Salbei ist eine Teepflanze. Die Blätter eignen sich auch zum Würzen von Süßspeisen und Getränken, die Blüten werden gern zum Garnieren von Salaten verwendet.

PFIRSICH-SALBEI *Salvia greggii*

WUCHS: Buschig, straff aufrecht, 40 bis 70 cm hoch.
BLATT: Immergrün, elliptisch, samtig behaart, fruchtig duftend.
BLÜTE: Mai bis November, rosarote Lippenblüten in Rispen stehend.
STANDORT: Sonnig; durchlässige, magere Erde.
PFLEGE: Regelmäßig gießen und düngen, regelmäßiger Rückschnitt fördert lange Blütezeit, hell und frostfrei überwintern, Vermehrung durch Stecklinge im Sommer.
ERNTE: Blätter im Sommer, frisch verwenden oder trocknen.
VERWENDUNG: Die nach Pfirsich und Aprikose duftenden Blätter eignen sich hervorragend zum Aufbrühen von Tee, zum Herstellen von Kräuterlimonade oder Cocktails und zum Würzen von Süßspeisen. Besonders geeignet zum Aromatisieren von Fruchtsalaten.

EXOTISCHE KRÄUTER

PARAKRESSE, JAMBU *Acmella oleracea*

WUCHS: Mehrjährig, buschig, aufrecht, 30 bis 40 cm hoch.

BLATT: Oval, gekerbt, dunkelgrün.

BLÜTE: Mai bis Oktober, gelbe Köpfchen mit roter Mitte.

STANDORT: Sonnig, warm; nahrhafte, humose Erde.

PFLEGE: Regelmäßig gießen und wenig düngen, hell und frostfrei überwintern, Vermehrung durch Aussaat (schwierig!) oder durch Teilung des Wurzelstockes.

ERNTE: Blätter und Blüten im Sommer.

VERWENDUNG: Blätter und Blüten schmecken leicht scharf, prickelnd-säuerlich und werden in Salate gegeben oder mitgekocht. Die Blätter enthalten viel Vitamin C, stärken das Immunsystem und helfen bei Entzündungen im Mund- und Rachenraum. Breiumschläge wirken schmerzlindernd bei Rheuma.

BRAUNER SENF, INDISCHER SENF *Brassica juncea*

WUCHS: Einjährig, krautig, Blütenstiel aufrecht, 30 bis 100 cm (Blüte) hoch.

BLATT: Eiförmig bis lanzettlich, gezähnt bis fiederteilig, behaart.

BLÜTE: Mai bis Juni, goldgelbe Doldentrauben.

STANDORT: Sonnig, warm; nahrhafte, humose Erde.

PFLEGE: Regelmäßig gießen und düngen, Vermehrung durch Aussaat im Frühjahr.

ERNTE: Blätter, Blüten und Samen im Sommer.

VERWENDUNG: Die scharfen, etwas nach Kohl schmeckenden Blätter dieses Blattsenfs werden roh als Salat oder gegart als Gemüse gegessen. Die Blüten sind ebenfalls essbar und passen gut in Salate. Die indische Küche verwendet die ganzen Senfkörner geröstet und gemahlen zum Würzen von Currypasten und Fischgerichten. Das Senfpulver würzt Saucen.

KORIANDER *Coriandrum sativum*

WUCHS: Ein- oder zweijährig, aufrecht, verzweigt, 50 bis 70 cm hoch.

BLATT: Untere Blätter dreilappig, obere Blätter gefiedert.

BLÜTE: Juni bis August, weiße bis zartrosa Doldenblüten.

STANDORT: Sonnig; durchlässige, warme Erde.

PFLEGE: Regelmäßig gießen und düngen, Vermehrung durch Aussaat im Frühjahr.

ERNTE: Blätter im Frühjahr, Früchte im Sommer.

VERWENDUNG: Die aromatischen, frischen Blätter würzen Salate oder asiatische Gerichte. Getrocknete Korianderfrüchte dienen als Gewürz für Backwaren, sind Bestandteil von Teemischungen zur Behandlung von Verdauungsstörungen sowie Rohstoff für Kräuterliköre. Sie sind außerdem Bestandteil vieler Gewürzmischungen.

TÜRKISCHER DRACHENKOPF *Dracocephalum moldavicum*

WUCHS: Einjährig, aufrecht, 40 bis 60 cm hoch.

BLATT: Lanzettlich, tief eingeschnitten gesägt.

BLÜTE: Juni bis September, blau bis violett, in Ähren stehend, Bienenweide.

STANDORT: Sonnig; durchlässige, humose Erde.

PFLEGE: Viel gießen, wenig düngen, auf Schnecken und Raupen achten, Vermehrung durch Aussaat im Frühjahr.

ERNTE: Blätter und Blüten im Sommer.

VERWENDUNG: Der Türkische Drachenkopf kam im 16. Jahrhundert über Konstantinopel (Istanbul) zu uns nach Europa. Blätter und Blüten werden frisch oder getrocknet als Gewürz oder als Bestandteil von Leber-, Gallen- oder Magentees verwendet. Er wirkt leicht krampflösend und beruhigend. Die schönen Blüten sind lange haltbar und gut für die Vase geeignet.

JIAOGULAN, UNSTERBLICHKEITSKRAUT *Gynostemma pentaphyllum*

WUCHS: Mehrjährig, frostempfindlich, schnell wachsend, rankend oder hängend, mit Wurzelknollen.

BLATT: Fünteilig, Blattrand wellig.

BLÜTE: Juli bis August, sternförmige gelbgrüne Blüten.

STANDORT: Halbschattig; feuchte, humose, durchlässige Erde.

PFLEGE: Reichlich gießen und düngen, Vermehrung über Aussaat oder Wurzelteilung, für Fruchtansatz männliche und weibliche Pflanze kultivieren, vor Frost unter –5 °C schützen oder hell und kühl überwintern.

ERNTE: Blätter im Sommer, Wurzeln im Herbst.

VERWENDUNG: Jiaogulan wirkt kreislaufregulierend, regt die Leberfunktion an und kräftigt das Immun- und Nervensystem. Die Pflanze wird als Extrakt oder süßlich herber Tee bei Erschöpfung, Magengeschwüren, Bronchitis oder Diabetes verwendet.

TULSI-BASILIKUM *Ocimum tenuiflorum*

WUCHS: Mehrjährig, aufrecht, stark verzweigt, 30 bis 50 cm hoch.

BLATT: Eiförmig, entfernt gesägt, purpur gezeichnet.

BLÜTE: Juni bis September, weiße bis rosa Lippenblüten, in Scheinquirlen stehend.

STANDORT: Sonnig bis halbschattig, warm, wind- und regengeschützt; nahrhafte Erde.

PFLEGE: Gleichmäßig gießen und düngen, Staunässe vermeiden, Blütenansätze regelmäßig entfernen, Rückschnitt im Herbst, hell und kühl überwintern, Vermehrung durch Aussaat im Frühjahr.

ERNTE: Junge Blätter und Triebe bei Bedarf.

VERWENDUNG: Tulsi-Blätter sind in der asiatischen Küche als Tee und Currygewürz sehr beliebt. Das Kraut wird in der indischen Kräutermedizin gegen Erkältungen, Asthma und Hautkrankheiten verwendet.

SHISO, SCHWARZNESSEL *Perilla frutescens*

WUCHS: Einjährig, aufrecht buschig, 40 bis 100 cm hoch.

BLATT: Breit-eiförmig, gezähnt, hellgrün.

BLÜTE: August bis September; weiße, ährenartige Blütenstände.

STANDORT: Sonnig bis halbschattig; nahrhafte, humose, durchlässige Erde.

PFLEGE: Regelmäßig gießen und düngen, für buschigen Wuchs frühzeitig stutzen, Vermehrung durch Aussaat im Frühjahr (Lichtkeimer).

ERNTE: Blätter vor der Blüte ernten und frisch verwenden.

VERWENDUNG: Schwarznessel wird zum Würzen von Sushi, Salaten, Suppen, Saucen, Fleisch oder Reis verwendet. Der Geschmack der rotlaubigen Varietät (*Perilla frutescens* var. *purpurascens*) ist intensiver.

ZIMMERKNOBLAUCH *Tulbaghia violacea*

WUCHS: Mehrjährig, horstig, Blütenstiele aufrecht, 40 bis 80 cm hoch.

BLATT: Immergrün, schmallineal, grün.

BLÜTE: Mai bis September, in weißen oder violetten Dolden stehend.

STANDORT: Sonnig bis halbschattig; durchlässige, humose, nahrhafte Erde.

PFLEGE: Viel gießen, reichlich düngen, verträgt zeitweise Staunässe, Rückschnitt im Herbst. Vermehrung durch Aussaat im Frühjahr oder Teilung des Wurzelstockes im Herbst, Töpfe hell und kühl überwintern.

ERNTE: Blätter und Blüten bei Bedarf.

VERWENDUNG: Blätter und Blüten schmecken würzig-scharf nach Knoblauch und werden wie Schnittlauch zum Würzen von Salaten und Saucen verwendet. Besonders lecker ist eine Kräuterbutter mit Zimmerknoblauch.

SERVICE

Viele Kräuter können gut zusammen mit anderen Kräutern in ein gemeinsames Gefäß gepflanzt werden, da sie ähnliche Ansprüche und ein ähnliches Wachstumsverhalten haben.

AUF EINEN BLICK – GUTE NACHBARN, SCHLECHTE NACHBARN

PFLANZEN	ERDE	STANDORT
CURRYSTRAUCH, ROSMARIN, WEINRAUTE	LOCKER, DURCHLÄSSIG, MAGER	SONNIG
BERG-BOHNENKRAUT, LAVENDEL, SALBEI, THYMIAN, YSOP	LOCKER, DURCHLÄSSIG, KALKHALTIG	SONNIG
GEWÜRZ-FENCHEL, WILDE MALVE	LOCKER, DURCHLÄSSIG, NAHRHAFT,	SONNIG
ANISYSOP, KATZENMINZE, DOST/ OREGANO, ZITRONEN-MELISSE	LOCKER, DURCHLÄSSIG, NAHRHAFT	SONNIG
BORRETSCH, GEWÜRZ-TAGETES, KAPUZINERKRESSE, RINGELBLUME	LOCKER, DURCHLÄSSIG, NAHRHAFT,	SONNIG
DUFT-PELARGONIE, FRUCHT-SALBEI, HONIGMELONEN-SALBEI	LOCKER, DURCHLÄSSIG, NAHRHAFT,	SONNIG
BRAUNER SENF, KORIANDER, SHISO, TÜRKISCHER DRACHENKOPF	LOCKER, DURCHLÄSSIG, NAHRHAFT, HUMOS	SONNIG
PARAKRESSE, SÜSSKRAUT, TULSI-BASILIKUM	NAHRHAFT, HUMOS	SONNIG BIS HALB-SCHATTIG, WARM, REGENGESCHÜTZT
DILL, KERBEL, KRESSE, MAJORAN	LOCKER, DURCHLÄSSIG, NAHRHAFT	SONNIG BIS HALBSCHATTIG
PETERSILIE, SCHNITTLAUCH	NAHRHAFT, HUMOS	HALBSCHATTIG
BÄRLAUCH, SAUERAMPFER, SCHNITT-SELLERIE	NAHRHAFT, HUMOS, FRISCH	HALBSCHATTIG
JIAOGULAN, ZIMMERKNOBLAUCH, ZITRONENGRAS	LOCKER, DURCHLÄSSIG, HUMOS	HALBSCHATTIG

Besonders schnell wachsende oder verholzende Kräuter bekommen besser einen eigenen Topf: Balsamstrauch, Basilikum, Eberraute, Estragon, Lorbeer, Minzen, Zitronenverbene.

ZUM WEITERLESEN UND WEITERKLICKEN

BÜCHER

Kräuter

Beiser, Rudi: **Tee aus Kräutern und Früchten**. 68 Teekräuter sammeln, zubereiten und genießen. Kosmos

Bickel, Gabriele: **Geschenke aus meinem Kräutergarten**. Kosmos

Bohne, Burkhard: **Kräuter**. Das Praxishandbuch. Kosmos

Bohne, Burkhard: **Kräuter**. Es geht auch einfach! Kosmos

Bohne, Burkhard: **Kräuter im Hochbeet**. Pflegeleicht gärtnern. Kosmos

Meier-Soriat, Diana: **Liebst du Kräuter?** Kreativ & praktisch. Das etwas andere Kräuterbuch. Kosmos

Treml. Franz-Xaver: **Kräuter aus dem Garten**. 500 Küchen- und Heilkräuter. Kosmos

Balkon & Terrassen

Grabner, Melanie: **Balkonernte**. Gestalten, pflanzen, naschen. Kosmos

Kern, Simone: **Wilde Kübel**. Unkompliziert, naturnah, insektenfreundlich. Kosmos

Koch, Robert: **Gärtnern Auf Balkon Und Terrasse**. Kosmos

Öhlenbach, Melanie: **Mein kleiner Stadtbalkon**. Kosmos

Urban Gardening

Bohne, Burkhard: **Garden your city**. Wenn die Stadt zum Garten wird. Kosmos

Grabner, Melanie: **Hochbeete rund ums Jahr**. Kosmos

Maag, Sibylle und Rebekka: **Vertikales Gemüse**. 20 DIY-Projekte für essbare Minigärten. Kosmos

Staffler, Martin: **Stadtbalkon & Dachterrasse**. Grüne Oasen individuell gestalten. Kosmos

Staffler, Martin: **Vertikal Gärtnern**. Grüne Ideen für kleine Gärten, Balkon und Terrasse. Kosmos

NÜTZLICHE ADRESSEN

Kräuter: Pflanzen und Saatgut

www.bingenheimersaatgut.de
→ Ökologisches Saatgut von Gemüse, Kräuter und Blumen

www.blumenschule-schongau.de
→ Naturland-Gärtnerei, Duft- und Teepflanzen, Heilpflanzen, Kräuter und Gewürze, Räucherpflanzen, Stauden, Gemüse, Wildobst, Saatgut, Zubehör, Veranstaltungen, Seminare

www.bio-kraeuter.de
→ Bio-Gärtnerei im Allgäu mit großem Kräuter-, Gemüse- und Blumensortiment und Sämereien

www.die-stadtgaertner.de
→ Pflanzen, Saatgut, Pflanzbehälter, DIY-Tipps, Deko

www.dreschflegel-saatgut.de
→ Pflanzen, Saatgut, Planzenbehälter, DIY-Tipps, Dekoartikel

www.gaissmayer.de
→ Bioland-Gärtnerei mit über 3 000 Arten und Sorten von Stauden, Kräutern, Duftpflanzen, Raritäten. Pflanzenpakete (nach Farbe, Duft und Gestalt abgestimmt)

www.garten-jan.de
→ Versandgärtnerei mit großem Kräutersortiment und Raritäten, Gemüse (alte Sorten, v. a. Tomaten), Tees

www.helenion.de
→ 700 Kräuter, Heil-, Tee-, Duft- und Würzpflanzen, Rezepte

www.herb-s.de
→ Bioland-Kräutergärtnerei und Pflanzenversand, Gartenschule

www.hof-berggarten.de
→ Bioland-Gärtnerei, Küchen- und Heilkräuter, Duftpflanzen, Stauden und Sämereien für naturnahe Gärten, Schaugarten

www.kraeuter-und-duftplanzen.de
→ 1 300 Kräuterarten und -sorten, Gestaltungstipps und Seminare

www.kraeuterei-oldenburg.de
→ Bioland-Gärtnerei mit großer Palette an Gewürz-, Duft-, Heil- und Teekräutern, über 400 Arten und Sorten, Schwerpunkt Duftpelargonien

www.monika-gehlsen.de
→ Saatgut: Zier- und Nutzpflanzenspezialitäten

www.syringa-pflanzen.de
→ Bio-Gärtnerei mit Duftpflanzen, Duftsträuchern, Kräutern, Blumenwiesen, Blumenzwiebeln, Gemüse, Gartentipps, Schaugarten, Veranstaltungen

Pflanzbehälter und Wandsysteme

www.die-gartenscheune.de
→ Dekoratives und Praktisches für Garten, Balkon und Terrasse

www.juwel.com
→ Intelligente Produkte für Garten und Haushalt, z. B. Systeme zur Bepflanzung von Balkonen und Terrassen

www.kalamitica.de
→ Magnetische Blumentöpfe

www.paradiesgarten.eu/kubi
→ Designhochbeet KUBI mit integriertem Kompostsystem und Gießvorrat

www.primrose-garten.de
→ Ausstattung für den Garten, z. B. Pflanztöpfe, Sichtschutzmatten, Sonnensegel, Möbel

www.urbanature.de
→ Design-Produkte zwischen Stand und Land, z. B. für vertikales Gärtnern

REGISTER

Bildnachweis

Mit 195 Farbfotos von Burkhard Bohne, Braunschweig: Klappe innen vorne (1 u., 2 u., 3 u., 4 u., 5 o., 5 u.), 88 u., 89 u., 90 o., 90 u., 91 o., 91 u., 92 u., 93 u., 94 o., 94 u., 95 o., 95 u., 96 o., 96 u., 97 o., 97 u., 98 u., 99 o., 99 u., 100 (alle drei), 101 (alle drei), 102 o., 102 u., 103 o., 103 u., 104 o., 105 o., 105 u., 106 o., 106 u., 107 u., 108 o., 108 u., 109 u., 110 (alle drei), 111 (alle drei), 112 o., 112 u., 113 o., 113 u., 114 o., 115 o., 115 u., 116 u., 117 u., 118 u., 119 o., 119 u.; Flora Press/Bild agentur Beck: 25; Flora Press/BIOSPHOTO: 31 li.; Flora Press/Linda Burgess: 8 Mi., 12; Flora Press/Edition Phönix: 13 u.; Flora Press/Flowerphotos: 15; Flora Press/gartenfoto.at: 6; Flora Press/Helga Noack: 10 o.li., 26; Flora Press/Pavel Ovsík: 10 o.re., 52/53; Flora Press/Meyer-Rebentisch: 57; Flora Press/Gary Smith: 19; Flora Press/Visions: 27 u.li.; GAP Photos: 37, 40, 50 li.; GAP Photos/ Torie Chugg: 27 o.li.; GAP Photos/ Victoria Firmston: 27 o.re.; GAP Photos/ Lynn Keddie: 11; GAP Photos/Gary Smith: 88 o.; GAP Photos/ Nicola Stocken: 18; GAP Photos/ Juliette Wade: 24 u.re., 28/29; Antje Kohlstedde, Hannover: 3 o., 22, 44, 49 u., Dirk Mann, Dresden: 107 o., 114 u., 116 o.; Mauritius Images/Alamy: 8 u., 46; Mauritius Images/Artur Cupak: 61; Mauritius Images/Frigesch Lampelmayer: 67; Sibille Victoria Müller, Raubach: 42 o.re., 43 (beide); Kerstin Mumm, Braunschweig: Klappe innen vorne (1 o., 2 o., 4 o.), 31 re., 32, 33, 34 (alle drei), 35, 39 (alle vier), 41 (alle drei), 42 o. li., 45, 47 (beide), 48 (beide), 51 (beide), 58 (beide), 64, 65, 72 (alle vier), 89 o., 92 o., 93 o., 98 o., 104 u., 109 o., 117 o., Shutterstoc/Ina Ts: Klappe außen vorne: 1; Shutterstock/Diana Taliun: Klappe innen vorne (3 o.); Stockfood/Eising Studio – Food Photo & Video: 13 o.li.; Friedrich Strauß, Au/Hallertau: Klappe außen vorne, 3 u., 4/5, 7, 8 o., 9, 10 u., 13 o.re., 14, 16, 17, 20, 21, 23, 24 o., 24 u.li., 27 Mi.re., 30, 36, 50 re., 62, 66 (beide), 86/87, 118 o., 128; Andreas Vietmeier, Münster: 42 Mi., 42 u.li., 42 u.re.; Alexander Walter, Baiern: 54 (beide), 56, 60 (beide), 68 (beide), 70 (beide), 74 (beide), 76, 78 (beide), 80 (beide), 82, 84 (alle drei); Jürgen Weisheitinger, Lörrach: 49 o.li., 49 o.re.

Impressum

Umschlaggestaltung von Gramisci Editorial Design, Isabelle Fischer unter Verwendung von 2 Farbfotos von adobe stock / babsi (Umschlagvorderseite) und Shutterstock/Mykola N (Umschlagrückseite).

Die Rezepte für das Kapitel „Kräuter-Rezepte" stammen von Burkhard Bohne, Braunschweig (59, 63, 65, 67, 71, 73, 79); Reinhardt Hess, München (69, 75, 77, 81, 83, 85) und Regine Stroner, Blaufelden (55, 57, 61).

Mit 195 Farbfotos.

Alle Angaben in diesem Buch sind sorgfältig geprüft und geben den neuesten Wissensstand bei der Veröffentlichung wieder. Da sich das Wissen aber laufend in rascher Folge weiterentwickelt und vergrößert, muss jeder Anwender prüfen, ob die Angaben nicht durch neuere Erkenntnisse überholt sind. Dazu muss er zum Beispiel Beipackzettel zu Dünge-, Pflanzenschutz- bzw. Pflanzenpflegemitteln lesen und genau befolgen sowie Gebrauchsanweisungen und Gesetze beachten.
Die Blütenfarben sind sortenabhängig, daher können auch Farben auf dem Markt sein, die im Buch nicht genannt werden. Die Blütezeiten sind ebenfalls sortenabhängig, aber auch klima- und standortabhängig. Die angegebenen Wuchshöhen und -breiten der Pflanzen sind Mittelwerte. Sie können je nach Nährstoffgehalt des Bodens variieren. Verschiedene Sorten können deutlich größer oder auch kleiner wachsen als die Art.

Gedruckt auf chlorfrei gebleichtem Papier

MIX
Papier aus verantwortungsvollen Quellen
FSC www.fsc.org FSC® C110508

ISBN 978-3-440-17093-9
Bei dieser Ausgabel handelt es sich um eine Neuausgabe des Titels "Kräuter aus Töpfen & Kübeln" (978-3-440-15445-8).
Projektleitung: Carolin Küßner
Redaktion: Carolin Küßner
Bildredaktion: Carolin Küßner
Gestaltungskonzept: Peter Schmidt Group GmbH, Hamburg
Gestaltung und Satz: Atelier Reichert, Stuttgart
Produktion: Klaus Jost
Druck und Bindung: Westermann Druck Zwickau GmbH
Printed in Germany / Imprimé en Almagne

Wissen aus —— erster Hand

112 S., ca. € (D) 15,00

Kräuter empfehlen sich als pflegeleichte Bepflanzung für Hochbeete und sind damit gerade für Anfänger bestens geeignet. Kräuterexperte Burkhard Bohne zeigt, wie man ein Hochbeet anlegt, in welcher Kombination die eigenen Lieblingskräuter am besten gedeihen und wie man das Kräuterbeet durch den Winter bringt. 16 Musterbeete von unkomplizierten Klassikern bis zu Asia-Kräutern, Tee- und Salatkräutern sowie Kräutern mit essbaren Blüten zeigen die ganze Bandbreite der Möglichkeiten..

Wer jenseits von Rosmarin und Petersilie Kräuter sucht, die im Garten, Topf oder unter Glas gedeihen, hält mit diesem Buch einen wahren Schatz in den Händen! Kräuterexperte Burkhard Bohne blickt als Leiter eines Arzneipflanzengartens auf unvermessliche Erfahrungen zurück, die dieses Praxishandbuch prägen. Angefangen bei der optimalen Gestaltung eines eigenen Kräutergartens üner Anbau, Pflege, Ernte und Verwendung von Küchen- und Heilkräutern bis hin zu 500 Porträts.

240 S., ca. € (D) 30,00

AUF EINEN BLICK

Sie haben Kräuter und wollen schnell wissen, was Sie damit machen können? Die Tabelle liefert Ihnen einen Überblick, welche Kräuter sich wie in der Küche verwenden lassen. Die Sortierung erfolgt nach botanischen Namen. Die Seitenverweise am Ende führen direkt zur ausführlichen Beschreibung mit Bild.